Essais, maximes et conférences

Du même auteur
aux Éditions J'ai lu

Arrière-pensées, *J'ai lu* 5619
Dico Franco-Loufoque, *Librio* 128

Avec Louis Rognoni :
Bons baisers de partout –1, *Librio* 275
Bons baisers de partout –2, *Librio* 292
Bons baisers de partout –3, *Librio* 326

Pierre Dac

Essais, maximes et conférences

Préface de Jacques Pessis

J'ai lu

PRÉFACE

Avant-propos modeste en guise d'hommage d'un préfacier presque complètement inconnu qui connaissait Pierre Dac mieux que personne.

C'est évident. (De sagesse.) On découvre aujourd'hui Pierre Dac comme l'on découvrait, voici quelques années, Boris Vian. Le fondateur de L'Os à moelle *n'apparaît plus simplement comme un chansonnier, un amuseur, mais bien comme un philosophe. On fait référence à ses* Pensées *en termes d'aphorismes qui ne se contentent plus de faire sourire, mais font véritablement réfléchir. Et les thèmes qu'évoque l'inventeur du Schmilblick et du Biglotron apparaissent plus que jamais d'actualité…*

Les Pensées *furent, l'espace d'un instant, considérées comme un immense canular, parce que leur auteur, décidé à prendre la relève de Pascal, en avait emprunté la perruque. Elles constituent aujourd'hui un ouvrage de référence. Du haut de ses vingt ans (et quatre fois plutôt qu'une) et du fond de ses yeux profondément bleus, Pierre Dac, estimant que tout penseur avare de ses pensées est un penseur de radin, écrit :*

« Celui qui, dans la vie, est parti de zéro pour n'arriver à rien dans l'existence n'a de merci à dire à personne. »

Cette phrase figure maintenant, en bonne place, dans des ouvrages de littérature générale et dans certains manuels scolaires…

Pierre Dac à l'école. C'était déjà une réalité en 1968, lorsqu'il avait réalisé, au sein de bastions de l'enseignement aussi solides que le lycée Claude-Bernard ou l'École polytechnique, des conférences dont le sérieux n'avait d'égal que l'art du paradoxe qui s'en dégageait… Pour l'occasion, les « amphis » de physique avaient connu une affluence record et jamais professeur ne fut aussi attentivement écouté !

Ces moments inoubliables, accompagnés de quelques essais qui ne manqueront pas de faire de Pierre Dac un digne successeur de Montaigne, les voici réunis accompagnés de maximes que La Rochefoucauld ne renierait pas.

L'ouvrage que vous avez entre les mains, notre maître à tous l'avait imaginé de son vivant. Le fait qu'il voie le jour plusieurs années après sa disparition prouve une fois de plus que « rien de ce qui est commencé n'est complètement achevé tant que tout ce qui est entrepris n'est pas totalement terminé ».

Poil au nez.

Jacques PESSIS

I

ESSAIS

ESSAI SUR LE FRANÇAIS MOYEN

Ce texte date de 1930, époque où les chansonniers montmartrois, Pierre Dac en tête, fleurissaient sur la butte.

Un document sur un temps qui n'est peut-être pas aussi révolu que d'aucuns ont voulu le dire...

Le Français moyen est un mammifère invertébré. Son origine remonte à l'an 40 avant Edgar Faure.

Le Français moyen offre cette particularité de ne présenter aucune particularité marquante. Il n'est pas anthropophage, quoique carnivore, ce qui ne l'empêche nullement d'être herbivore et ruminant à l'occasion.

Le Français moyen professe par-dessus tout le respect de l'ordre et de la morale officiellement établis ; son livret matricule porte, d'une manière générale, le signalement suivant :

Taille : moyenne
Front : moyen
Yeux : indécis
Nez : moyen
Menton : rond
Visage : ovale
Signe particulier : néant
Observation : ne sait pas nager

Les autres organes ne sont pas mentionnés, mais il est probable qu'ils ne dépassent pas la moyenne honnête à laquelle tout Français moyen peut prétendre.

Le Français moyen aime son intérieur : son mobilier se compose de meubles acajou et bronze ; il possède, en outre, une table avec trois rallonges (comme il dit), un lit de milieu placé sur le côté, et une suspension ornée d'un abat-jour en perles de verroterie. Sur la cheminée de la chambre à coucher, une garniture composée de trois pièces dont la principale comprend la pendule surmontée d'un sujet artistique en bronze creux qui porte comme légende : « Après les vendanges » ou « le Retour du marin ».

Le Français moyen a toujours soin d'accrocher au mur de la cuisine le calendrier des Postes et Télégraphes, orné d'une gravure représentant « la Récolte de la fougère » ou « l'Entrée des douaniers à Altkirch ».

Le Français moyen a naturellement la radio ; il est atteint de radiochronite aiguë, affection qui consiste, lorsqu'on a pu obtenir un poste, à tourner les boutons de l'appareil pour en obtenir un autre et ainsi de suite, de manière à rendre toute audition impossible.

Le Français moyen a naturellement fait la guerre, aussi écoute-t-il respectueusement ceux qui ne l'ont pas faite lui expliquer comment ça se passait en première ligne.

Le Français moyen a la haine du percepteur qu'il rend responsable de tous ses maux. Quand il va régler ses contributions, il dit : « Qu'est-ce que je vais lui briser, au percepteur ; je vais lui dire ce que je pense » et quand il est devant la caisse, il paie et c'est lui qui dit merci.

Le Français moyen est le piéton par excellence ; aussi traverse-t-il les passages cloutés installés à son intention, avec une sage lenteur et la conscience de son omnipotence ; il traite les chauffeurs pressés « d'espions » et de « figures de peau de fesse ». D'ailleurs ces mêmes injures lui resservent lorsque d'aventure il prend un taxi, mais alors il les destine aux piétons pour lesquels, à ce moment, son mépris n'a plus de limites.

Le Français moyen est badaud par essence et par définition. Quand deux voitures se tamponnent, c'est lui qui donne à l'agent tous les détails de l'accident, qu'il n'a d'ailleurs pas vu, et il s'en va en disant : « Tant que le radiateur n'est pas dans la lanterne arrière, il n'y a pas de mauvais sang à se faire. »

Le Français moyen a des opinions politiques très arrêtées. Il estime que la République est indéfectible, que ceux de la droite ont raison, ceux de la gauche aussi et que ceux du centre ont la notion du juste milieu.

Le Français moyen adore le cinéma ; il s'y rend chaque semaine et pendant la projection du film il explique à haute voix ce qui va se passer à ses amis et connaissances.

Le dimanche, le Français moyen s'installe sur les grands boulevards à la terrasse d'un café, à moins qu'il ne se promène pour regarder ceux qui sont assis à la terrasse.

Le Français moyen fait presque toujours partie d'une société amicale telle que :

Les Joyeux Colombophiles ;
Les Anciens de la Quincaillerie ;
Les Prévoyants de l'Avenir ;
ou *Les Amis de la laïcité et du bœuf gros sel réunis.*

Le Français moyen étant l'héritier direct de Voltaire possède un nombre immuable de clichés, lieux communs, bons mots et plaisanteries, qui, se transmettant de génération en génération, trouvent leur emploi dans toutes les circonstances de la vie.

C'est ainsi qu'à un mariage, le Français moyen dit aux jeunes époux : « Alors, il va y avoir du bon pour les cocus. » À un enterrement, le Français moyen dit : « On est vraiment peu de chose sur terre », ou « ce que c'est de nous, tout de même ! » Devant la tombe, il fait : « C'est la vie », et dans le café où il se rend après la cérémonie pour se réconforter, il ajoute : « On est mieux ici qu'en face. »

Ainsi, le Français moyen mène son existence quotidienne avec ses joies moyennes et aussi ses douleurs, qui pour être moyennes n'en sont pas moins profondes ; il travaille en augmentant chaque mois son pécule à la Caisse d'Épargne dans l'espoir de réaliser un jour le rêve de tout Français moyen :

La petite maison aux volets verts
avec le carré de jardin,
le jet d'eau, la boule nickelée,
les poissons rouges et le rocher artificiel.

Ainsi terminera-t-il ses jours moyens ayant vécu dans une honnête moyenne, bon fils, bon soldat, bon citoyen, bon époux, bon père ayant contribué dans la mesure de ses moyens à faire de la France ce qu'elle est, ce qui n'est déjà pas si mal que ça...

DE LA SCIENCE
ET
DE LA RECHERCHE SCIENTIFIQUE

On dira ce qu'on voudra ou on ne le dira pas, selon qu'on a l'intention de le dire ou de s'en abstenir, mais, qu'on le veuille ou non et qu'on l'admette ou pas, en dépit de ses éternels contempteurs et de ses sempiternels sceptiques, c'est beau la science, très beau, plus beau même que le temps quand il est à la belle commission... pardon... au beau fixe, veux-je dire. Quoi qu'il en soit, à toutes choses égales et en tout état de cause, mon avis, en ce qui concerne la science, est semblable au mien, pour ne pas dire identique et concordant similairement en ce qui concerne le propos personnellement mutuel ainsi tenu concomitamment, en rapport étroit avec le principe de l'identité des avis individuels partagés en deux parties égales de Julius Amédéus Schpotzermann, l'éminent professeur amateur, titulaire contractuel permanent de la chaire à saucisses, à la Faculté mentale de Schweinvourschst-sur-l'Oder, en Allemagne orientale et en personne de lui-même, lequel a établi également le principe suivant : « Qu'on le veuille ou non et qu'on s'en rende compte ou pas, la science, en ses disciples qui en font pourtant la force principale, au même titre que la sobriété qui fait la force principale de la sécurité et que la contestation qui fait la force principale des manifestations, la science donc laisse parfois planer quelque doute quant à l'exactitude de ses définitions et la justesse de ses précisions. »

Ce principe, qu'on le veuille ou non et qu'on l'approuve ou pas, n'est pas plus contestable que révocable en doute, et réciproquement, car en ce qui concerne les sciences, à part les mathématiques plus ou moins élémentaires et plus ou moins spéciales, les autres, en leur ensemble plus ou moins composite, ont moins bonne réputation et marquent plutôt une nette tendance à l'approximation en ce qui concerne la relative exactitude ou inexactitude de leurs disciplines respectives, lesquelles, pour autant, n'en sont pas moins dignes de profond respect et de considération distinguée. Car, tant en effet qu'effectivement, nombre de disciplines scientifiques, pour ne pas dire toutes, ne reposent que sur un postulat.

Or, en vérité scientifique, qu'est-ce qu'un postulat, sinon un principe premier indémontrable et conséquemment non démontré, mais dont, toutefois et cependant, et réciproquement, l'admission est nécessaire pour établir une démonstration suffisante en ses effets démonstratifs plus ou moins convaincants, poil à l'Agha-Khan, en admettant, naturellement, que le caractère de la démonstration soit d'ordre suffisant pour que le nécessaire soit fait en ce qui concerne son admissibilité, mais à condition, cependant et toutefois, que l'admissibilité de l'ordre suffisant en l'absolu de son nécessaire en tant qu'élément de première nécessité soit en mesure d'établir son exact degré d'accessibilité. Poil à la sensibilité.

Or, comment s'y prendre pour démontrer un principe indémontrable, donc ne pouvant être démontré par suite d'impossibilité de démonstration, tant théorématique que de marques d'affection, poil aux affectations ?

J'avoue humblement n'en rien savoir, mais en toute méconnaissance de cause, il est bien évident que ça ne doit pas être de la tarte aux postulatas farcis pas plus que du soufflé au bouillon de légumes, aux salsifis frits à l'huile d'onction ou aux fruits confits en dévotion. Poil aux divagations.

Il n'empêche à la ligne – pardon –, il n'empêche cependant, veux-je dire, je le répète, que la science est une belle chose qui resplendit de mille et une facettes, toutes plus brillantes les unes que les autres, encore que parfois les autres brillent davantage que les unes, poil au clair de lune, et qui se manifeste même dans l'art scientifique des ébats amoureux. À ce propos, qu'il me soit permis de citer l'admirable apophtegme du professeur Alexandre Auguste du Pubis du Mont de Vénus, qui dit : « En science amoureuse, l'introspection préalable est nécessaire à la suffisance de l'action praticable. »

N'est-ce pas criant de vérité et hurlant d'objectivité ?

Il faut dire que le docteur ès sciences érotiques Alexandre Auguste du Pubis du Mont de Vénus est professeur d'éducation et de culture physique sexuelle au lycée Janson-de-la-Saillie, à 75016 Paris.

Ce qui justifie pleinement son lumineux apophtegme.

De son côté, Aristote, dans son *Éthique à Nicomague*, donne de la science universelle l'édifiante et munificente définition suivante : il n'y a de science que le général.

D'où l'on peut déduire et inférer que le général de Gaulle fut la science faite président de la République. Ah ! oui je le répète à nouveau et ne le répéterai jamais assez : « C'est beau la science. » Et, ajouterai-je, sans la science que ferait-on, sinon de l'ascientisme. Et ce serait bien triste, très triste même, car, sans la science, c'est dans le plus total obscurantisme que seraient plongés *L'Humanité*, *Le Monde*, *Le Parisien libéré*, *L'Aurore*, *France-Soir*, et *Le Chasseur français* ainsi que les revues littéraires et scientifiques, telles que la revue du 14 Juillet, des Folies-Bergère, du Lido et du Casino de Paris. C'est pourquoi, à mon avis, la science, avec un S quadruscule et quatre points cardinaux sur l'*i* de son nom, est à l'univers salitaire... pardon... à l'universalité, veux-je dire, ce que le rahat-lokoum est au carré de l'hypoténuse.

À propos du carré de l'hypoténuse, voici ce qu'en a dit, pas plus tard que récemment, le professeur Alexandre Keszkipu-Celboucq, de l'Université de Morzy-les-Gracieuses, dans le Lot : « Si le carré de l'hypoténuse n'était pas ce qu'il est, c'est-à-dire égal à la somme qui lui est due par les deux autres côtés, le carré de porc ne serait qu'un vulgaire médaillon de veau sauté à la corde ou par la fenêtre. »

Ce qui est tout simplement et tout bonnement aussi bouleversant que renversant et réciproquement.

En outre et de surcroît, il est constaté et confirmé, dans les milieux, bas-côtés exclus, de la Recherche scientifique sexologique spatiale, que les cosmonautes placés en état d'apaisanteur, ou plus exactement d'abaisanteur, peuvent sexuellement et sexonomiquement se déplacer dans tous les azimuts sans nul effort ni moindre difficulté. Poil à la sexualité du cosmos habité.

Ah ! pendant que j'y pense et avant de l'oublier, il est de mon devoir scientifique de vous mettre au courant identique du fait que l'éminent et distingué physicien suédois Gustave Adolphe Skôlalavôtrensbörg vient de renouveler, en le modifiant, le principe d'Archimède, en faisant, à l'Académie royale des sciences hydrostatiques de Stockholm, la très importante communication suivante : « Tout corps humain plongé verticalement et de force dans un fluide lacustre, fluvial ou marin, après avoir subi une brusque poussée horizontale d'arrière en avant, qui ne refait pas surface à l'issue de trente jours d'immersion profonde peut être considéré comme étant irrémédiablement et définitivement perdu. »

Ah ! avant de l'oublier et pendant que j'y pense, j'estime et juge, et réciproquement, qu'une mise en plis – pardon – qu'une mise au point, veux-je dire, s'impose dans le domaine de la science-fiction. En effet, il est de grande et conjoncturale opportunité d'établir une fois pour toutes et toutes fois pour une que si, dans ce domaine, la réalité dépasse parfois la fiction, il en va de même dans le domaine scientifique capillaire, quand, souvent, le shampooing dépasse la friction. Poil à la question.

Pour en terminer afin d'en finir, et réciproquement, je me permets de vous conseiller l'édifiante et passionnante lecture du récent et dernier ouvrage du professeur Frédéric Ludovic Halévou-Fayrvoir, de l'Académie des sciences amorales et apolitiques, qui professe, poil à confesse, au lycée Picélmérinos, à Pau, ouvrage consacré à la science universelle considérée sous l'angle de toute l'attention qu'elle requiert et mérite, et réciproquement. C'est un très important et très remarquable ouvrage, et dont, de surcroît, la présentation est aussi exceptionnelle que sortant de l'ordinaire. Jugez-en plutôt que plus tard. Il est, cet ouvrage, en 6 volumes aussi gros qu'épais, et réciproquement de 850 pages chaque, format *in vino veritas*, sur papier peint, couverture tissu éponge, jaquette de cérémonie, graphiques, planches et illustrations à la brosse de ménage, à la brosse à reluire et à la balayette électronique. C'est, tant incontestablement qu'indubitablement, un ouvrage de poids puisque chaque volume fait bien dans les 2,750 kg, mais qui est cependant d'un prix plus que raisonnable vu et étant donné, et réciproquement, qu'il ne coûte que 15,95 F chaque, taxes, couvert et service compris, ainsi que texte à discrétion. C'est tout dire !

Ce que j'ai trouvé de plus intéressant et de plus pertinent dans ce remarquable ouvrage, c'est sa synthèse dialectique et logique de la science universelle. Poil au vermicelle. À mon avis elle est définitive et irréversible. Poil aux pieds sensibles. J'en ai d'ailleurs conservé en fidèle mémoire les principaux points de suture, tant de causalité introductive que de finalité conclusive. Les voici donc, en l'essentiel de leur capital et réciproquement : à l'instar de l'art pour l'art, la recherche pour la recherche, c'est-à-dire la recherche scientifique fondamentale à l'état pur et intégral, consiste pour les purs chercheurs intégraux et fondamentaux à chercher sans trêve, sans cesse, sans relâche, sans peur et sans reproche avec toujours le ferme espoir de ne jamais rien découvrir ni trouver autre chose que rien. Point.

À l'encontre de ce que prétendent indûment certains chercheurs scientifiques à la petite recherche identique, la science infuse n'est pas plus une infusion de feuilles de scientisme qu'une tisane de racines plus ou moins carrées et plus ou moins cubiques, non plus qu'une décoction de plantes vasculaires de culture maraîchère universelle. Point. L'élément majeur et dominant de la science mondiale est le savoir. Point. Le savoir est le domaine de l'ensemble des connaissances. Point.

L'ensemble des connaissances est le domaine du fait et de la manière de connaître. Point. Le fait et la manière de connaître sont du domaine de la forme particulière que revêtent l'accomplissement d'une action et le déroulement d'un fait. Point. L'accomplissement d'une action et le déroulement d'un fait sont du domaine de la réalisation particulière et concrète d'un fait général abstrait, concept ou non. Point. Tous ces domaines n'ont strictement rien à voir avec la Direction des Domaines de la Seine, 9, rue de la Banque, 75 Paris, 2e, tél. 236.32.00, métro Bourse, ligne no 3 Pont de Levallois-Porte des Lilas et réciproquement. Poil aux renseignements. Point. Malgré et en dépit de la diversité des disciplines scientifiques qu'ils pratiquent et qui, parfois, les opposent, les hommes de science ont, entre eux, ceci de commun, c'est qu'ils sont tous, en principe, tout au moins, du sexe masculin. Point.

D'après Jean-Jacques Rousseau, Jacques-Jean Roussel, Pédalos des Cyclades, Ivan Akroum, Taxiphos de

Lépante, Aristide de la Mouffe et Victor Emmanuel du Parfait Bricoleur, le fait que la Préhistoire ait précédé l'Histoire ne signifie nullement et pour autant que la prescience ait précédé la science. Point. Ce n'est que tout récemment que l'Académie des Sciences a reconnu, de fort mauvaise grâce, d'ailleurs, soit dit en passant par la Lorraine, le Groenland, la cordillère des Andes et la Bérézina, que la rotation de la Terre, d'après les lois de la gravitation universelle, de Newton, n'est pas sans rapport avec le Rotary, les Rothschild, le rôti de bœuf et *La Rôtisserie de la Reine Pédauque* d'Anatole France. Point. En science générale pure, il est admis et tenu pour formel que la spontanéité de tout mouvement personnel et individuel, bon ou mauvais, et réciproquement, n'est qu'illusoire, puisque, toujours d'après Newton, tout ce qui bouge et remue, et inversement, est soumis aux mêmes lois de l'universelle gravitation, qui, en ce qui concerne le doute en question, régissent l'attraction de même nature, ainsi que les attractions de cirque, de cabaret, et de music-hall. Point final.

Bref, en résumé scientifique et pour conclure scientifiquement, avant la science, ce n'est pas la science, après la science, ce n'est plus la science, la science, c'est la science. Poil aux objecteurs de conscience. C.Q.F.D.

LE CONGRÈS DE LA PSYCHANALYSE

Les psychiatres sont-ils fous ? Une question fort controversée à laquelle Pierre Dac apporta un jour un élément de réponse par l'intermédiaire d'un compte rendu fidèle d'une conférence-congrès à laquelle il assista un soir.

Speaker

Nous vous présentons ce soir un célèbre psychiatre, Monsieur Bouillonne du Couvercle, de l'Institut international de Psychanalyse expérimentale.

Le psychiatre

Mesdames et messieurs, la Science a toujours intéressé les chercheurs et souvent leurs découvertes ont bouleversé les lois habituelles qui, jusqu'ici, régissaient l'Humanité.

Sigmund Freud, lui, a ouvert un horizon insoupçonné par l'étude du comportement sexuel de l'individu et la psychanalyse est devenue un moyen infaillible de disséquer psychologiquement les moindres recoins et les fibres profondes de notre subconscient.

Je suis venu aujourd'hui vous éclairer sur cette science nouvelle et vous démontrer les bienfaits de la Psychanalyse.

Si donc il se trouve dans la salle une personne atteinte de troubles dont elle ne peut déceler l'origine, je l'invite à venir sans crainte et sans hésitation auprès de moi afin que nous puissions ensemble rechercher les causes profondes de son mal et, par cela même, lui ouvrir toutes grandes les fenêtres de la guérison et du salut !

Qui veut se faire psychanalyser ? Approchez, approchez ! N'hésitez pas, c'est une occasion unique ! Profitez-en... Allons, n'ayez pas peur...

LE PATIENT

Moi !

LE PSYCHIATRE

Vous ? Eh bien, mais approchez, monsieur, approchez... Par ici... montez sur cette estrade.

LE PATIENT

Docteur, ça coûte combien ?

LE PSYCHIATRE

C'est absolument gratuit, monsieur !

LE PATIENT

Bon ! c'est dans mes prix.

LE PSYCHIATRE

Bonjour, monsieur !

LE PATIENT

Bonjour, docteur !

LE PSYCHIATRE

Asseyez-vous sur cette chaise. Là ! Commençons ! Votre nom, monsieur ?

LE PATIENT

Gneuu.

LE PSYCHIATRE

Comment ?

LE PATIENT

Gneuu, c'est mon nom ! Je m'appelle Gneuu !

LE PSYCHIATRE

Prénoms ?

LE PATIENT

Schtreul Labitreul...

LE PSYCHIATRE

Ah ! Vous vous appelez...

LE PATIENT

Schtreul Labitreul Gneuu...

LE PSYCHIATRE

Tiens ! Et ça s'écrit comment ?

LE PATIENT

Comme ça se prononce, mais attention avec deux Treul.

LE PSYCHIATRE

Ah ! Fallait le dire tout de suite. Votre âge ?

LE PATIENT

Entre trente-neuf et quarante-cinq ans...

LE PSYCHIATRE

Vous n'êtes pas fixé ?

LE PATIENT

Heu... non... ça change tous les ans !

LE PSYCHIATRE

Évidemment... Profession ?

LE PATIENT

Épitaphier...

LE PSYCHIATRE

Épitaphier ?

LE PATIENT

Oui, épitaphier... Je fais dans l'épitaphe ! Je travaille du Ci-Gît !

LE PSYCHIATRE

Ah, je vois !... *He Writes on the marble... !*

LE PATIENT

Peut-être bien. Mais je ne comprends pas l'espagnol !

LE PSYCHIATRE

Aucune importance. Votre adresse ?

LE PATIENT

21 bis, passage de la Bérézina.

LE PSYCHIATRE

Vous habitez à quel étage ?

LE PATIENT

Au rez-de-chaussée...

LE PSYCHIATRE

De plain-pied ?

LE PATIENT

Non, au-dessus de l'entresol...

LE PSYCHIATRE

Ah ! Ah ! Très important !... Alors, qu'est-ce qui vous amène ?

LE PATIENT

L'autobus...

LE PSYCHIATRE

Oh ! Oh ! Ça me paraît sérieux !... Eh bien, monsieur, nous allons sans tarder commencer l'auscultation psychanalytique.

LE PATIENT

Ah !... Ça ne va pas me faire mal ?

LE PSYCHIATRE

N'ayez aucune crainte, monsieur ! C'est sans danger. Simplement quelques questions à vous poser... Tout d'abord, de quoi souffrez-vous ?

LE PATIENT

Je ne sais pas !

LE PSYCHIATRE

Vous avez mal quelque part ?

LE PATIENT

Non !

LE PSYCHIATRE

Très intéressant !... Qu'est-ce que vous ressentez ?

LE PATIENT

Par moments... comme de l'angoisse et de la perplexité... avec des éblouissements spasmodiques de la luette !

LE PSYCHIATRE

Tiens, tiens !... Voyons... Vous mangez bien ?

LE PATIENT

Comme un orgue !

LE PSYCHIATRE

Vous dormez bien ?

LE PATIENT

Comme un noir !

LE PSYCHIATRE

Vous...

LE PATIENT

Comme un coq !

LE PSYCHIATRE

Parfait ! Dites-moi : est-ce que cet état d'angoisse et de perplexité se traduit par des phénomènes physiologiques ?

LE PATIENT

Physiologiques ? Je ne sais pas ce que cela veut dire, mais je crois qu'il y a de ça !

LE PSYCHIATRE

Pouvez-vous me préciser davantage ?

LE PATIENT

Eh bien, voilà ! C'est entre le nez et le plastron que ça se tient !... Par moments, j'ai la gorge contractée et la bouche... sèche !... avec évaporation de la salive et assèchement brutal du gosier !

LE PSYCHIATRE

Symptômes ternaires du coefficient 12 !

LE PATIENT

Eh bien, je ne m'en serais pas douté.

LE PSYCHIATRE

Il me faudrait procéder à l'auscultation psychanalytique... Mettez votre chapeau... enlevez-le... remettez... enlevez... remettez... enlevez... remettez !

LE PATIENT

Faut-il l'enlever ou le remettre ?

LE PSYCHIATRE

Pas de questions ! Je suis là pour ça ! Allongez les jambes !

LE PATIENT

Lesquelles ?

LE PSYCHIATRE

Celles du dessous...
Allongez ! Repliez !
Bon ! Décontractez-vous !

LE PATIENT

Oh ! Je ne suis pas con...

LE PSYCHIATRE

... Laissez vos jambes comme ceci... ne bougez plus !

LE PATIENT *(reculant avec son siège)*

Mais je ne bouge pas...

(Le psychiatre lui frappe le genou.)

LE PATIENT

Aïe... Vous m'avez fait mal !

LE PSYCHIATRE

Mais non ! Regardez bien en l'air.

(Le patient fixe un point au plafond, le psychiatre en profite pour frapper le genou gauche... Le patient réagit

du genou droit... Le psychiatre, perplexe, se glisse doucement derrière le patient et frappe le genou droit, le patient réagit du genou gauche.)

LE PSYCHIATRE *(n'y comprenant rien)*

Ah ! Je vois ce que c'est.

LE PATIENT *(regardant toujours en l'air)*

Vous avez de la veine, moi, je ne vois rien du tout là-haut.

LE PSYCHIATRE

Vous allez dire plusieurs fois de suite : Pruneaux cuits... Pruneaux crus.

LE PATIENT

Oh ! J'aime pas beaucoup ça.

LE PSYCHIATRE

Attention, c'est très important !...

LE PATIENT

Je veux dire, docteur, que c'est très difficile à dire et on finit toujours par dire des énormités... aussi, je me méfie... car le résultat serait... cru *(il essaie péniblement)* Pruneaux cuits... prunes au... Pruneaux cuits... prunes au... C'est difficile à dire pruneaux cuits, pruneaux crus... Oh ! Pruneaux cuits, pruneaux crus, pruneaux cuits, pruneaux crus... Bidon 5 – Bidon 6 – Bidon 7 – Saint-Galmier – Saint-Yorre – Saint-Zano – Saint-Émilion – Petit Bidault – Petit Bidault – Petit Bidault.

LE PSYCHIATRE

Arrêtez ! Malheureux ! Arrêtez !... J'ai nettement l'impression que nous nous trouvons en présence d'un cas d'eurénie continue par angoisse primaire de castration phallique et de régression libidinale...

LE PATIENT

Eh ben, mon vieux !

LE PSYCHIATRE

À moins que ça ne soit autre chose.

LE PATIENT

J'ai peut-être un peu de myxomatose ?

LE PSYCHIATRE

Ça se saurait !... Nous allons parcourir rapidement les différents stades depuis votre naissance jusqu'à mercredi en huit... c'est-à-dire : le stade oral... le stade anal... le stade sexuel...

LE PATIENT

Et le stade de Colombes !

LE PSYCHIATRE

Une autre fois !... mais auparavant, permettez-moi une petite question... Avez-vous été élevé à la mamelle ?

LE PATIENT

Oui... mais à la mamelle électrique !

LE PSYCHIATRE

À quel moment avez-vous été sevré ?

LE PATIENT

Au cours d'une coupure de courant !

LE PSYCHIATRE

Sevrage brusqué ! Bon... Voyons un peu votre libido...

LE PATIENT

Mon quoi ?

LE PSYCHIATRE

Votre libido... ça vous étonne ?

LE PATIENT

C'est-à-dire que... devant tout le monde... ça me gêne un peu ! Je n'ai pas l'habitude de montrer ainsi mon libido...

LE PSYCHIATRE

Je veux dire : la forme de vos instincts sexuels...

LE PATIENT

Ah, la forme !... C'est la forme tout à fait courante... la bonne moyenne...

LE PSYCHIATRE

Quelle est votre attitude vis-à-vis de l'autre sexe ?

LE PATIENT

Lequel ?

LE PSYCHIATRE

Celui d'en face...

LE PATIENT

Il y en a plusieurs !

LE PSYCHIATRE

Celui qu'on appelle si justement le sexe faible ?

LE PATIENT

Mon attitude serait plutôt d'elliptique à rectiligne et inversement... avec curiosité rétinienne adéquate à un rinçage binoculaire !

LE PSYCHIATRE

Vous n'êtes pas masochiste ?

LE PATIENT

Non... je serais plutôt R.P.R.

LE PSYCHIATRE

Ah... tout de même !... *(en lui-même)*... complexe de Chirac ! Vous arrachez-vous la peau des ongles ?

LE PATIENT

Oui et non !

LE PSYCHIATRE

C'est oui ou c'est non ?

LE PATIENT

Oui quand il y en a... non quand il n'y en a plus...

LE PSYCHIATRE

Avez-vous la manie d'agiter des pièces de monnaie ou vos clefs dans vos poches ?... comme ceci ?

LE PATIENT

Oh oui ! Comme tous les hommes d'ailleurs... et principalement quand j'écoute la radio !

LE PSYCHIATRE

Je m'en doutais !... complexe de Branly !... Est-ce que vous faites subconsciemment de petits dessins ?

LE PATIENT

Oui... souvent même !

LE PSYCHIATRE

Des petits dessins comment ?

LE PATIENT

Heu... comme ça... (*il dessine en l'air...*)

LE PSYCHIATRE

Pornographiques ?

LE PATIENT

Non… Si je me souviens bien, je dessinerais plutôt des queues de morues !

LE PSYCHIATRE

Ah ! des queues de morues comment ?

LE PATIENT

Ben, des queues de morues racornies, desséchées !

LE PSYCHIATRE

Processus normal et évolutif du sevrage brusqué ! À moins que ça ne soit autre chose ! Est-ce que vous rêvez ?

LE PATIENT

Oh ! oui ! Presque toutes les nuits !

LE PSYCHIATRE

Vous rêvez comment ? en noir, en couleur ou en technicolor ?

LE PATIENT

En cinémascope !…

LE PSYCHIATRE

Qu'est-ce que vous rêvez ?

LE PATIENT

Eh bien, voilà !… Je suis tout seul, perdu dans un désert infini… la chaleur est atroce, le soleil me tape dur sur le cigare… j'étouffe, ma langue se gonfle et s'allonge, s'allonge à un tel point que je suis obligé de la rattraper et de me la mettre sous le bras !

LE PSYCHIATRE

Sous quel bras ?

LE PATIENT

Je ne me souviens pas !

LE PSYCHIATRE

Dommage ! Continuez...

LE PATIENT

Tout à coup, je me trouve devant un escalier... je descends des marches, des milliers de marches...

LE PSYCHIATRE

Comment descendez-vous ces marches ?

LE PATIENT

Au pas cadencé !

LE PSYCHIATRE

Alors, ce sont des marches militaires ! Continuez...

LE PATIENT

J'arrive dans une immense cave... il fait bon... il fait frais... les murs suintent comme l'histoire...

LE PSYCHIATRE

Quelle histoire ?

LE PATIENT

L'histoire Suinte... Soudain, suspendu dans l'espace, apparaît à mes yeux un superbe tonneau... un beau muid... je le regarde avec admiration tandis qu'une musique m'entre par une oreille et sort par l'autre.

LE PSYCHIATRE

Quelle musique ?

LE PATIENT

Le Songe d'une nuit d'été!... Alors je me précipite, je veux saisir le tonneau, mais il disparaît, la cave bascule et je me réveille tout trempé de sueur et tout haletant...

LE PSYCHIATRE

Vous me dites que vous haletez en vous réveillant?

LE PATIENT

Oh! oui, j'halète... j'halète même terriblement...

LE PSYCHIATRE

Quel genre d'halètement?

LE PATIENT

Ben... une sorte d'halètement maternel...

LE PSYCHIATRE

Le diagnostic se confirme! C'est votre sevrage brusqué qui est la cause de vos troubles et à la base de tout! À moins que ça ne soit autre chose...

LE PATIENT

D'accord! Mais qu'est-ce que je peux bien avoir?

LE PSYCHIATRE

Je vais vous le dire! Grâce aux méthodes d'introspection psychanalytique, je suis en mesure de vous révéler le complexe majeur qui gangrène votre subconscient à votre insu et vous mène irrémédiablement à la déchéance de vos droits civiques et paternels... Vous avez, monsieur, le complexe noé-bacchusien ou complexe de la pépie! C'est-à-dire, vous avez continuellement soif, mais vous ne vous en rendez pas compte!

LE PATIENT

Eh ben, heureusement que je suis venu vous trouver! Sans ça j'aurais fini par crever de soif sans m'en apercevoir!... Et à part ça vous ne voyez rien d'autre?

Le psychiatre

Non ! Sauf, naturellement, votre complexe majeur fondamental qui est à la base de tout !

Le patient

Ah ! Parce que j'ai encore un autre sale truc ?

Le psychiatre

Oui ! Ce que nous appellerons en langage de circonstance : le complexe *integris conarium*...

Le patient

Ah ! Parce que je suis aussi conar...

Le psychiatre

Énormément ! Et c'est congénital !

Le patient

Ah ! ça, par exemple ! Je ne m'en serais jamais douté ! Au fond, le principal, ça n'est pas d'avoir quelque chose, mais de savoir ce que l'on a.

Le psychiatre

Mon cher docteur !

Le patient

Mon cher docteur !

Le psychiatre

Oui, mon cher docteur, je suis ébloui par votre conférence, et je vais boire un coup à votre santé, car il faut boire avec sobriété... Mais avant de partir, permettez-moi de vous donner l'accolade royale.

Le patient

Il me prend pour la reine Élisabeth...
Alors, mesdames et messieurs, qui veut se faire psychanalyser... C'est une occasion unique... etc., etc.

(Deux infirmiers l'enlèvent de force.)

Là s'arrête ce compte rendu…
Dont acte…

BON SENS NE PEUT MENTIR

Sur un banc, deux hommes lisent un journal...

— Je m'excuse, monsieur, mais j'ai nettement l'impression de vous avoir déjà rencontré quelque part.

— C'est bien possible. J'y vais souvent.

— À mon tour, je m'excuse, monsieur, mais il me semble également que votre visage ne m'est point inconnu. Voyons... N'étiez-vous pas, la semaine dernière, ici même, un gros rouquin avec des après-ski ?

— C'était quel jour ?

— Mardi dernier.

— Le matin ou le soir ?

— Le soir.

— Alors, non, monsieur, parce que ce soir-là, j'étais plutôt un grand brun avec des chaussettes vertes.

— Alors... Dans ce cas, monsieur, toutes mes excuses.

— Je vous en prie.

— Ce sera pour une autre fois.

*

— Quand même, monsieur, on dira ce qu'on voudra, mais nous vivons dans une curieuse époque.

— Oui, et plus qu'on ne croit !

— Comment ça ?

— Parce qu'on le croit déjà suffisamment comme ça sans qu'il soit nécessaire de le croire davantage.

— Voilà, monsieur, une réponse qui fleure bon sa pertinence et son équilibre.

— Il faut vous dire, monsieur, que j'ai de qui tenir : mon beau-frère est gardien de jour dans une boîte de nuit...

— Oui... bien sûr, mais je ne saisis pas très bien le rapport...

— Mais il n'y en a pas... Mais il faut bien parler de quelque chose pour alimenter la conversation.

— Certes... En tout cas, si j'en juge par la lecture des nouvelles, je n'ai pas besoin de vous dire que la situation est plus que sérieuse !

— Alors, si vous n'avez pas besoin de le dire, pourquoi le dites-vous ?

— Pour que vous n'ayez pas à me reprocher de ne pas vous avoir dit ce qu'il était inutile que je vous dise !

— Bravo, monsieur, voilà qui est d'une irréfutable logique !

— Je n'ai aucun mérite à ça, monsieur, j'ai positivement été élevé dans la logique : mon père était logicien, mon grand-père aussi, mon arrière-grand-père également.

— Famille de logiciens. C'est héréditaire ?

— C'est héréditaire.

— C'est congénital ?

— Non, c'est quand j'ai trop bu ! Et, dites-moi, monsieur, qu'est-ce que vous en pensez de la situation ?

— Ben...

— Oui, bien sûr, c'est ce qui vient tout de suite à l'esprit, mais quand même, quand on y réfléchit !

— Quand on va au fond des choses...

— On y reste !

— Je ne vous le fais pas dire !

— D'autant que je peux le dire tout seul.

— Ça va de fil, pardon... Ça va de soi, je me suis trompé de bobine...

— Ça peut arriver...

— Mais avouez que ça ne manque pas d'étoffe.

— Bref... ceci dit...

— Comme on dit en Afrique du Nord...

— Ah ! oui... enfin, comme disait celui qui ne trouvait rien à dire, mieux vaut se taire !

— Vous êtes un homme de grand bon sens, monsieur.

— Vous êtes fort aimable, monsieur.

— Non, non, je le dis comme je le pense !

— Et moi, je l'entends comme je l'écoute !

*

— Dites-moi, monsieur, vous habitez le quartier ?

— Oui, j'ai un gentil appartement qui se compose d'une entrée, d'un plat de viande, d'un légume... Enfin, de quatre pièces, dont une de 75.

— Vous devez avoir du recul... Vous entrez par la culasse ?

— Eh ! oui, ça ne mange pas de poudre.

— Ben voyons ! Et vous payez cher de loyer ?

— Ç'a été toute une histoire : pensez donc, le propriétaire en demandait 4 500 F par mois.

— C'est effrayant ! Toujours la même histoire, des vautours !

— Des vautours ? Des shylocks, monsieur ! Après des semaines de marchandages, de discussions sordides, j'ai eu toutes les peines du monde à l'avoir pour 7 000 F !

— Nous vivons une époque placée sous le signe de la shylockerie.

— Exact, monsieur, ça shylocke à pleins tubes... remarquez ça shylockait déjà avant-guerre.

— Mais pas à ce rythme. Vous habitez le quartier peut-être ?

— Oui, j'ai un gentil petit coin juste à l'angle de la rue de Belleville et du boulevard Malesherbes.

— C'est central et périphérique, ce qui ne gâte rien. Et vous payez combien ?

— 1 350 F.

— Eh bien, dites donc, c'est pas donné !

— Ah ! mais pardon ! Écuries comprises !

— Ah ! Vous avez des chevaux ?

— Oui, je fais un peu d'élevage.

— C'est à quel étage ?

— Au septième.

— Vous devez être bien là !

— Oui, il y a de l'air. Le seul ennui, c'est la difficulté d'habituer les chevaux à dire leur nom au concierge après dix heures du soir !

— Je comprends... D'autant que ça doit faire du bruit !

— Pas tellement... Ils enlèvent leurs sabots... Ce sont des chevaux bien élevés.

— Forcément... Au septième. Enfin, comme disait Buffon : Hennit soit qui mal y pense !

— Et vous, monsieur, vous n'avez pas d'animaux?

— Si, un chien.

— De quelle race?

— Un saint-bernard, une bête splendide... Haute comme ça!

— Et il est intelligent, ce saint-bernard?

— S'il est intelligent? Pensez donc, monsieur, c'est un ancien basset! Et qui est arrivé à être saint-bernard à force de travail, d'énergie, d'ambition, de volonté!

— C'est magnifique! Quel exemple! C'est un chien comme ça qu'il nous faudrait à la tête de la Sécurité sociale!

— Si ce n'est trop vous demander, monsieur, que faites-vous dans la vie?

— Je suis dans les assurances.

— Assurances-vie, accidents?...

— Non, assurances sur la considération distinguée.

— Et à quelle compagnie êtes-vous?

— Deuxième compagnie de la Garde républicaine.

— Et... Vous n'avez pas de violon d'Ingres?

— Si... La musique... Et je suis, soit dit sans fausse modestie, virtuose. Je joue de la timbale milanaise.

— Et vous donnez quelquefois des récitals?

— Jamais!

— Et où ça?

— Nulle part.

— Je me ferai un plaisir d'aller vous y applaudir.

— J'en serai fort honoré; et vous, monsieur, que faites-vous dans l'existence?

— Administrateur colonial en retraite.

— En retraite proportionnelle?

— Non, en retraite aux flambeaux.

— Brillante situation! Et dans quelle colonie étiez-vous?

— Colonie de vacances.

— Glorieux poste, monsieur... Et ne faites-vous rien pour occuper vos loisirs?

— Si fait, monsieur, je traduis Homère en sabir.

— Vous êtes donc helléniste!

— Oui, et arthritique également.

— Ce n'est pas incompatible. Ah! Homère! Quelle belle et noble figure de l'Antiquité!

— Oui... L'Homère divin... L'Homère de la Grèce éternelle...

— L'Homère de Chios, de Smyrne, l'Homère des Rhapsodes !

— L'Homère d'alors...

— Pardon ?

— Je veux parler de l'Homère de la grande époque, celle de l'Iliade, de l'Odyssée. On n'écrit plus aujourd'hui de poèmes aussi admirables ! La shylockerie, monsieur, la shylockerie littéraire !

— J'ai lu *L'Odyssée*, monsieur !

— Vous l'avez lu dans le texte ?

— Non, dans le train !

— Ça va plus vite.

— Oui, d'autant que c'était un rapide ! Évidemment, quelques passages m'ont échappé... Les passages à niveau, naturellement.

— Oui...

— Vous avez des enfants, monsieur ?

— Oui, un, ou plutôt une...

— Une fille ?

— Oui... une fille cadette.

— Vous... n'avez pas de fille aînée ?... Vous avez bien raison... Pour ce que ça sert. Ça fait des frais et ça encrasse la baignoire.

— Ben voyons ! Et vous, des enfants aussi, monsieur ?

— Oui, trois fils.

— Ah ! Et que font-ils ?

— Ben... Le plus jeune fait une angine en ce moment.

— Et votre second fils ?

— Il poursuit ses études.

— Ah ! ah !

— Oui, mais comme elles courent plus vite que lui, il a du mal à les rattraper.

— Et votre troisième fils ?

— Ah ! celui-là, c'est quelqu'un : il est magistrat.

— Magistrature debout ? Magistrature assise ?

— Non... Magistrature accroupie... Il est magistrat cycliste. Il est juge, monsieur... À l'arrivée au vélodrome du Parc des Princes... Et Mademoiselle votre fille, à quoi la destinez-vous ?

— À la prostitution.

— Bravo, excellent, ça !

— Oui... Parce que n'est-ce pas, ça, c'est un truc qui marche toujours ; en n'importe quelle circonstance, quel que soit le régime...

— Même un régime de bananes !... Mais, en dehors de cette profession, ne fait-elle point, concurremment, quelques autres études ?

— Si fait. Elle étudie les langues... La sienne, d'abord, et les langues étrangères... Le yaourt.

— C'est une langue blanche.

— Oui, le strabisme, le moldo-samovar et l'argyrophedrol.

— Difficile... C'est une langue nasale, qui s'apprend goutte à goutte...

— Dites-moi, monsieur, vous avez une voiture ?

— Oui.

— De quelle marque ?

— Ce n'est pas une marque, c'est un prototype. À dire vrai, c'est un ancien cinq tonnes, qu'un bricoleur spécialiste de mes amis a transformé en cabriolet monoplace.

— Je vois... Et ça consomme beaucoup ?

— Non... Du sept litres au cent... Du sept litres d'huile naturellement... car pour ce qui est de l'essence, mieux vaut parler d'autre chose.

— Bien sûr... monsieur, laissez-moi vous dire tout le plaisir que j'ai pris à votre conversation si pleine d'intérêt et d'enseignement.

— Permettez-moi de vous retourner le compliment, monsieur, et de souhaiter que nous ayons la très prochaine occasion de reprendre cet entretien.

— Ça ne dépend que de nous.

— Alors, voulez-vous que nous profitions de cette fortuite rencontre pour prendre un prochain rendez-vous ?

— À votre disposition, monsieur.

— Quand vous voudrez.

— Très bien. Et où ?

— Où il vous plaira.

— Parfait. Et à quelle heure ?

— Votre heure sera la mienne.

— J'y serai, monsieur. Au revoir.

— Et à bientôt.

UN GRAND REPORTAGE : LE CHAMPIONNAT DU MONDE DE FORCE D'INERTIE

qui s'est déroulé le soir de son déroulement au cirque Panem, à Autrelieu, capitale du pays qui lui a donné le jour et le nom par la même occasion.

Le cirque Panem d'Autrelieu est un très bel établissement situé au centre de la ville ; très vaste, très spacieux, il peut contenir plus de 3 000 personnes, y compris celles qui restent à la porte quand c'est complet, parce que, en définitive, on les fait entrer et on les entasse dans la cave à provisions. Évidemment elles ne voient rien du spectacle, mais elles ont la satisfaction morale d'être quand même introduites. D'autant plus que, pendant toute la durée de la représentation, un courrier véloce fait constamment la navette entre la piste et la cave et leur rapporte en gros ce qui se passe en haut. Comme ça, tout le monde est content et c'est une excellente publicité.

La piste, elle, n'a pas sa réplique dans aucun autre cirque. Au lieu d'être sablée ou recouverte d'un tapis brosse, elle est entièrement cimentée. « *Comme ça*, avait dit à l'époque de sa construction le vieux père Panem, fondateur du cirque, *les acrobates y regarderont à deux fois avant de se casser la gueule.* » Le père Panem, décédé, était jadis associé avec un nommé Circenses, décédé lui aussi.

Aujourd'hui, ce sont les quatre fils Panem qui dirigent le cirque. Et ils le dirigent fort bien. Les spectacles qu'ils y donnent sont toujours excellents et connaissent unanimement la faveur du grand public.

Une fois par semaine, le soir de relâche, les frères Panem louent leur établissement circulaire à une fédération sportive. Ce soir-là, c'était la Fédération de lutte passive qui avait retenu la salle. L'affluence, pourtant toujours considérable aux autres spectacles donnés, l'était encore plus ce soir-là. Tous les records de recette étaient battus en raison de l'importance de l'événement, puisqu'il ne s'agissait rien moins que du championnat du monde de force d'inertie. C'est tout dire !

Car, en vérité sportive, le spectacle de cette salle bourrée à craquer était vraiment impressionnant à voir.

Et quel public !

Un public fervent, enthousiaste, qui n'était venu là que pour assister à ce sensationnel et mondial championnat de force d'inertie, vu que s'il s'était dérangé pour assister à un concert de musique classique, il aurait mieux fait d'aller ailleurs, ce qui, visiblement et présentement, n'était pas le cas.

Un immense ring, crûment illuminé par une série de puissants projecteurs, occupait toute la partie centrale de la piste, une vraie, celle-là et pas une fausse, comme on dit en langage blennorragique familier.

Sur le programme de la soirée, on pouvait lire ou pas, selon qu'on le veuille ou non, imprimé en caractères gras, et même gras double (parce que ça valait doublement la peine) : « *le super combat de ce soir mémorable oppose l'Arménien Sabitapan Bistallanouillmaladjian, tenant du titre, surnommé le cachechol des Carpates, à son challenger le Parisien Saturnin Bougnaplat, champion d'Europe, surnommé la flanelle du Panthéon.* » Mais voilà-t-y pas qu'on éteint la salle ; la lumière déjà éblouissante semble être encore plus aveuglante. Des cris, des vociférations, des bruits plus ou moins suspects s'élèvent de toutes parts et fusent de tous côtés.

Et voilà que s'amène, à pas nonchalants, l'Arménien Bistallanouillmaladjian. Il enjambe lourdement et pesamment les cordes du ring, suivi à distance et au ralenti du Parisien Saturnin Bougnaplat, qui en fait autant.

L'Arménien porte une robe de chambre en ficelle passepoilée, ornée de glands cupulés, et le Parisien un peignoir en duralumin festonné, garni de glandes thyroïdées.

Tous deux, follement acclamés et non moins follement injuriés, s'assoient dos à dos au milieu du ring.

Mais voilà le speaker. Il empoigne son micro, et fait son annonce : « *Grand championnat international de force d'inertie pour le titre de champion du monde, en deux manches et une belle s'il y a lieu. À ma droite, celui qui s'y trouve...*

— C'est pas lui, hurle la foule.

— *... À ma gauche, celui qui s'y tient.*
— C'est pas l'autre», rehurle la foule.
Le speaker, prudemment, se retire sans insister, puis, se ravisant, reprend son micro et réannonce: «*Allô, allô, une pièce de cinq francs cinquante est offerte au vainqueur par les pâtes Ricardo-Vernouillez, la pâte des champions!*»
La salle remercie.
— Ta gueule!
— Fumier!
— Va te faire refaire, eh, vilain pas beau!
— Cinq pinceaux, cinquante poils! non mais tu te rends compte!
— Fauché!
— Pourri!
— Tu dirais ça à un macchabée, il te foutrait un coup de cercueil!
Le speaker, qui en a entendu d'autres, se retire tranquillement et cède la place à l'arbitre qui, avant même d'avoir ouvert le bec, se fait traiter de tous les noms et envoyer au vestiaire, sur l'air des lampions, conformément à la tradition en usage dans ce genre de compétitions.
Ça le laisse froid. Lui aussi a l'habitude; il s'approche des deux champions et leur dit arbitralement: «*Au lieu de vous faire les rituelles recommandations usuelles, voici un petit manuel contenant la nomenclature des coups défendus et des soins à recevoir en cas d'asphyxie, ainsi que le plan du ring et l'itinéraire à suivre pour retourner au vestiaire après le combat.*»
Les deux adversaires ne se serrent pas les mains, mais la ceinture ainsi qu'il est de règle dans les championnats de force d'inertie. Le gong retentit, un profond silence s'établit et le combat commence. Les deux champions, sans se dévêtir, gagnent chacun leur coin avec lenteur et en lambinant.
L'Arménien s'assied passivement à l'orientale et le Parisien indifféremment à la sauvette.
— «*Trente secondes de combat*», annonce le haut-parleur.
Sabitapan Bistallanouillmaladjian ferme un œil.
Saturnin Bougnaplat ferme les deux. On sent très bien que s'il en avait un troisième, il le fermerait aussi.

Avantage à Bougnaplat.

L'Arménien, un instant démonté, se ressaisit et s'allonge sur le ventre cependant que le Parisien s'étend sur le dos.

Égalité.

L'arbitre, à qui on vient d'apporter un lit pliant, se déshabille et se couche.

L'Arménien fait entendre un sifflement bizarre sans déplacer aucun muscle de sa bouche.

Le Parisien s'y laisse prendre et dresse les oreilles.

L'arbitre lui donne un avertissement pour mouvement défendu.

Bougnaplat se le tient pour dit et retient sa respiration.

L'Arménien accuse le coup et riposte en laissant pendre sa langue.

Avantage aux deux champions. Ils sont maintenant complètement inertes. Toutefois, l'inertie de l'Arménien semble plus complète, plus scientifique.

Avantage à Bistallanouillmaladjian.

Le Parisien s'énerve et avale sa salive, ce qui lui vaut une bordée d'injures et un avertissement sans frais que lui apporte un fonctionnaire des Contributions.

L'Arménien qui ne bougeait déjà plus bouge encore moins. Bougnaplat redouble d'inertie et, dans un magnifique effort d'immobilité absolue, écœure son adversaire qui s'agite faiblement et spasmodiquement.

Le gong retentit.

L'arbitre (dont d'aucuns plaisantins disent « de cheval ») rejette les couvertures et sort de son lit pour faire établir, par ministère d'huissier, le procès-verbal du constat de carence, tandis que le speaker, sorti de sa torpeur, annonce : « Saturnin Bougnaplat, vainqueur de la première manche. »

Les cris, les hurlements redoublent d'intensité et de véhémence.

Tout un zoo semble littéralement être déchaîné. Les deux champions profitent de la minute de travail pour s'administrer une magistrale correction. Les soigneurs s'affairent et leur font boire du sirop de chloral, du bromure et du tilleul.

Le gong retentit. C'est la deuxième manche.

Les adversaires ne se donnent même pas la peine de regagner leur coin et se laissent inertement tomber par terre en s'emmêlant rapidement les membres de leurs corps morts.

Le Parisien, en s'écroulant, coince la main gauche de l'Arménien sous son coude droit.

Bistallanouillmaladjian, d'un brusque mouvement, dégage sa main.

La foule, hurlante, se dresse comme une contravention de flagrant délit.

Et l'Arménien, qui vient de commettre cette inqualifiable faute en contrevenant de la sorte aux règles les plus élémentaires de la force d'inertie, est disqualifié.

Le speaker annonce : « Saturnin Bougnaplat, champion du monde. »

Les vitres du cirque tremblent d'émotion sous la violence des acclamations.

C'est fini.

Les projecteurs du ring s'éteignent. La salle se rallume et la foule s'écoule lentement par les gouttières et les gargouilles prévues à cet effet en commentant avec passion et chauvinisme les palpitantes péripéties de cette inoubliable manifestation sportive.

« *De la classe*, dit un connaisseur de la chose.

— *De première*, fait un expert en la matière.

— *Du tonnerre*, conclut un fanatique de la question.

Et, ensemble, pouce levé :

— *La force d'inertie, comme ça !* »

II

MAXIMES

DU MONDE

La fin du monde, c'est la fin des haricots mondiaux.

*

Paradoxalement mais communément, c'est parce que la Terre est grande que le monde est petit. Et réciproquement.

*

Si les ennuis d'une grande partie du monde risquent de concerner tout le monde, par contre, ceux d'une petite partie du monde ne risquent pas d'intéresser grand monde.

*

La seule machine au monde qui n'ait jamais eu la moindre panne ni nécessité et, de ce fait, la moindre réparation, est la machine à emmerder le monde.

*

C'est dans le monde à l'envers qu'on risque le plus de se retrouver cul par-dessus tête, et c'est dans le monde spirite qu'on a le plus de chances de recevoir des coups de pied occultes.

*

Dans le contexte mondial de la gravitation universelle, si, depuis le temps qu'elle tourne, la Terre était une mayonnaise, il y a longtemps qu'elle serait bonne à jeter aux ordures du Cosmos.

*

Sans vouloir avoir l'air de me mêler de ce qui me regarde de travers, je ne peux m'empêcher de constater que si le monde est un dans son unité, sa diversité est multiple dans sa disparité.

*

Quand, pour employer l'expression populaire, il y a du monde au balcon, il y a toujours du monde aux fenêtres pour le regarder et l'apprécier.

*

Le tiers-monde, c'est le tiers provisionnel du monde entier.

*

Le monde du milieu, c'est, en quelque sorte, une espèce d'entre-deux mondes.

*

Les hommes du monde du milieu se divisent en deux catégories : d'une part, les hommes de poids, de l'autre, les hommes de faux-poids qui ne font pas le poids et qu'on appelle aussi les demi-sels.

*

Les femmes des hommes du monde du milieu se servent du leur pour gagner leur vie et celle de ceux qui les protègent.

*

Les demi-mondaines ne sont pas toutes des demi-portions de monde.

*

Le demi-monde, c'est le monde coupé en deux pour le bénéfice du monde entier.

*

Le monde du milieu, contrairement à ce que d'aucuns s'imaginent, n'est tout de même pas le nombril du monde.

*

Les gens de ce monde sont les mêmes que ceux qui, un jour ou l'autre, ne seront plus de ce monde.

*

Entre le beau monde et le vilain monde, il y a le monde quelconque de quiconque.

*

Le monde des uns n'est pas celui des autres, bien que le monde des uns et des autres soit le monde de tout le monde.

*

Vivre hors du monde tout en restant dans le temps n'est pas à la portée de tout le monde.

*

En natation compétitive, les nageurs qui s'enduisent le corps d'un corps gras avant de se mettre à l'eau font partie du monde où l'on s'enduit.

*

S'il est vrai que le commencement du monde a correspondu avec son début, il est vraisemblable que sa fin coïncidera avec sa disparition.

*

Dans le monde affairiste du *show-business,* il n'est pas nécessaire d'être bon musicien pour bien connaître la musique.

*

C'est sans doute parce que les hauts sommets de l'univers sont secs, que le monde est une vallée de larmes.

*

Le monde interne et le monde externe font partie du même personnel inhospitalier de l'hôpital général du monde.

*

Si, en principe, il faut de tout pour faire un monde, il ne faut pas, en réalité, tellement de monde pour faire un tout puisqu'il suffit de quelques personnes pour faire un rassemblement.

*

D'après la théorie de l'évaluation des distances astrales, de Schpotzermann et Schpotzermann, exposée dans les colonnes du grave journal *Le Monde,* il est incontestable qu'il y a plus loin de la Terre à la Lune que de Dunkerque à Tamanrasset, et réciproquement.

*

Si tous les chemins de ronde du monde formaient le carré, ça ferait une sacrée ronde dans toutes les parties carrées du monde.

*

Étant donné qu'il faut des millions d'années-lumière à certains astres pour faire des signaux lumineux, il n'est pas étonnant que le monde passe tant de longues nuits blanches dans le noir absolu.

*

Le vernis mondain, c'est l'encaustique à bon marché du faux plancher du monde où l'on s'encroit.

*

Il y a des gens du beau monde qui sont laids et réciproquement.

*

Quand les grands de ce monde commettent une faute, ce sont les petits qui la paient.

*

Les cinq parties du monde sont la preuve formelle que le monde fait de l'hypertrophie testiculaire mondiale.

*

Quand le monde est muet, tout le monde est sourd. Quand les éléments se déchaînent, tout le monde s'enchaîne.

*

Entre le rêve et la réalité, il y a une grande nuance. Entre l'autocratie et la démocratie, il y a tout un monde.

*

Imposer le silence au monde quand celui-ci crie, gesticule et vocifère, c'est le bout du monde qui bout, qui déborde et qui se roule par terre.

*

Ce penseur moraliste qui a dit : « Tout ce qui n'est pas foncièrement mauvais dans le monde peut relativement devenir bon » et « Tout ce qui, dans le monde, n'est ni entièrement bon ni complètement mauvais peut totalement le rester et intégralement le demeurer » n'était certainement ni le premier ni le dernier des imbéciles.

*

En résumé philosophique et en conclusion anthropomorphique ainsi qu'en vérité comme je vous le dis tel que je le pense, le monde, il n'y a vraiment et véritablement pas de quoi s'en faire un.

DE LA POLITIQUE

La politique de prestige n'est vraiment prestigieuse que si le carré de sa surface est égal à celui de sa profondeur.

*

Le droit qu'a le président de la République, après consultation du Premier ministre et du président de l'Assemblée nationale, de prononcer la dissolution de celle-ci ne lui donne pas, pour autant, le droit de mener une vie dissolue et désordonnée.

*

La politique des partis fatigue les organes génitaux de la République.

*

En période électorale, les électrons législatifs rendent les candidats radio-actifs.

*

Ce n'est pas parce que, proverbialement, l'intention vaut le fait, que le législateur est habilité à considérer comme chose faite toute chose qu'il a plus ou moins l'intention de faire à plus ou moins longue échéance.

*

Quand un gouvernement est renversé, il est rare que sa chute soit amortie par la Caisse autonome d'amortissement parlementaire.

*

Je n'ai jamais compris pourquoi, en cas de nécessité absolue, bien entendu, un gouvernement n'a jamais pensé à engager son existence au Crédit municipal, ne serait-ce que pour avoir droit à sa reconnaissance.

*

En politique doctrinale, il est certaines démissions qui confinent à la désertion, de même que la fidélité aux principes auxquels se réfère celui qui les invoque n'exclut pas l'adultère politique.

*

En politique générale, un transfuge est un politicien qui va de fuge en fuge sans transition.

*

Les embarras de l'État sont souvent des embarras gastriques politiques.

*

Dans une république démocratique comme la nôtre, la Constitution joue un rôle majeur tellement capital que c'est par l'intermédiaire de l'Assistance publique du suffrage universel qu'elle a été approuvée ou qu'elle est à prouver par le peuple français.

*

Constitutionnellement, les lois n'ont pouvoir organique que dans la mesure où la virilité de leurs organes créateurs est organiquement et virilement démontrée.

*

L'état de siège n'a rien à voir avec la remise en état d'un siège à pourvoir en mauvais état.

*

Spinoza, dans son *Traité de la Politique*, dit que le droit de chacun n'a de limites que la puissance et l'impuissance. Ce qui motive et justifie la création d'un ministère de l'Éducation nationale sexuelle politique.

*

L'article 34 du titre V de la Constitution fixe le régime électoral des assemblées parlementaires et non le régime alimentaire de leurs membres auxquels en est laissé le libre choix.

*

Le corps d'un gouvernement qui tombe éparpille ses membres dans sa chute.

DE LA CUISINE

C'est quand les veaux ont un succès bœuf que les bœufs jaloux font une tête de veau.

*

Une digestion laborieuse est tout de même préférable à une indigestion paresseuse.

*

Tout gastronome patriote se doit, chaque 14 juillet, de souper aux couleurs nationales, c'est-à-dire d'une truite au bleu, d'un blanc de poulet et d'un rouget de l'Isle.

*

« Le gibier faisandé ne l'est souvent qu'à la mesure de la mentalité corrompue de celui qui le mange ainsi » dit un proverbe moral gastronomique néo-zélandais et néo-malthusien.

*

Les cuisiniers qui font sauter les pommes de terre sur leurs genoux font du paternalisme culinaire, et ceux qui les font sauter par la fenêtre ou au plastic font de la cuisine criminelle ou terroriste.

*

Il n'est pas nécessaire ni indispensable de se mettre à poil pour manipuler une poêle à frire.

*

Quand les anses des paniers dansent, c'est que les cuisiniers qui font les achats connaissent la musique.

*

Les pruneaux crus et les pruneaux cuits avalés rapidement sont des tests de la vitesse d'élocution du verbe gastronomique et de la parole culinaire.

*

En cuisine fine les nourritures terrestres peuvent être également spirituelles.

*

Gastronomiquement parlant et géographiquement étant, il est culinairement surprenant qu'entre le département de la Côte-d'Or et celui des Côtes-du-Nord il n'y ait pas le département des côtes-de-porc.

*

En pâtisserie communautaire évangélique les religieuses sont les humbles servantes de Notre-Dame de la Fine bouche.

*

La musique de vin chambré est douce aux gosiers de ceux qui la dégustent en chambre.

*

Les escargots de Bourgogne n'ont jamais empêché le cassoulet d'être toulousain.

*

C'est dans les hospices de Beaune que les vieux crus sont les mieux traités et présentés sous les meilleurs auspices.

*

Ce n'est pas parce que l'astronomie est la science des astres que la gastronomie n'est pas celle de l'estomac.

*

Quand une fondue est préparée par une cuisinière complètement fondue, ça donne une fondue complètement tordue.

*

Les rognons sautés, en brochette ou au madère, ainsi que les bananes, les oranges et les figues érotiquement disposées et astucieusement juxtaposées font rêver les nymphomanes et leur donnent à penser.

*

Quand le bouillon gras maigrit de façon inquiétante, c'est que le pot-au-feu fait de l'émaciation potofiale parce que ce n'est pas avec du gros sel et du gros poivre qu'il est assaisonné, mais avec des sels amaigrissants et du poivre déproivréiné, ce qui est absolument contraire à son maintien en bon état de bouillon gras.

*

Il est également de goût douteux, à Lille ou ailleurs, de faire passer un sauté de veau sous le nez d'un type qui la saute.

*

Le barbecue est à la grillade ce que la barbe est à papa. Et réciproquement.

*

Ceux qui, par vent coulis, confondent un coulis de tomates ou d'écrevisses avec un coolie chinois ou hindou font de la confusion mentale ethnique, alimentaire et atmosphérique.

*

Quand un civet de lièvre ne vaut pas un pet de lapin, c'est que la ventilation de celui ou de celle qui l'a préparé est défectueuse.

*

Il est toujours dangereux de provoquer un court-circuit dans un court-bouillon. Et réciproquement.

*

Dans les mêmes conditions alsaciennes on dit, préférablement ou non à un ami ou à un voisin, au sujet de ses projets détruits : « Mes brochets sont tes truites. »

*

Le gastronome avisé et circonspect qui s'y connaît en art culinaire est celui qui sait ce qu'il dit quand il parle de ce qu'il mange.

*

Quand, au cours d'un dîner chez des gens bien élevés, on vous sert un tournedos bien tendre, il est de bon ton de le manger avec plaisir et satisfaction en le regardant bien en face, et du plus mauvais goût de le bouder en lui tournant très durement le dos avec déplaisir et insatisfaction.

*

Qui mange lentement digère bien, qui bien digère bien se porte et qui bien se porte n'a besoin de personne pour le porter sur son lit quand il a trop bu ou trop mangé.

*

La sollicitation du pied-de-porc, c'est l'appel du pied de tout cochon qui sommeille au cœur de tout amateur de cochonnailles, gaulois, graveleux et grivois.

*

En gastronomie de prestige il est plus facile de mettre les pieds petits dans les grands que de mettre les grands pieds plats dans les petites soucoupes.

*

Rien n'est plus louche qu'une louche dont le contenu douteux est versé dans votre tasse par un loufiat qui louche.

*

Quarante paires d'yeux de bouillon qui vous contemplent, c'est quarante siècles de pot-au-feu égyptien qui nous regardent du haut de leurs pyramides de viande et de légumes pharaoniques.

*

Avoir l'estomac dans les talons n'a aucun rapport avec l'étalon qui vous balance un coup de sabot dans l'estomac.

*

Il est irrespectueux de confondre volontairement la bouillabaisse qu'on sert dans une soupière avec la bouille à l'abbesse supérieure du couvent des sœurs qu'on verse au dossier des vocations tardives.

*

Quand un hareng saur ne sort pas de son baril, c'est qu'un mauvais sort lui interdit de fumer.

*

J'ai lu en quelque endroit de quelque part, sur le livre d'or, un peu trop massif à mon goût, d'un restaurant réputé pour ses spécialités et ses amitiés particulières, la pensée suivante : « Civet de lapin m'était conté, j'en ferais peut-être un ragoût de lièvre. » Et c'était signé Gustave-Aymon Cucéty-du-marcassin, gastronome *in partibus culinarius* et docteur *honoris causa* de l'université culinaire de Bouffezy-le-Museau, dans la Nièvre.

*

Les entremets sont les entremetteurs qui servent d'agents de liaison entre deux mets.

*

Les secteurs privés de dessert sont plus à plaindre qu'à blâmer.

*

Les aliments mal revenus font les repas mal partis.

*

Le foie gras maigrit au fur et à mesure qu'on le mange.

*

Parmi les fromages, le plus discret est le Brie qui coule sans en faire le moindre.

*

Si Bayard fut un chevalier sans peur et sans reproche, Brillat-Savarin fut un cuisinier ni sans beurre ni sans broche.

*

Tout gastronome digne de ce nom sait faire la différence entre du bœuf qu'on a fait cuire et du cuir qu'on a fait bœuf.

*

Dans un mess d'officiers, le menu militari est de rigueur.

*

Les plats les mieux cuisinés sont ceux qui le sont sur les fourneaux de la police judiciaire.

*

Celui qui inventera la ficelle à lier les sauces aura bien mérité de la saucerie mondiale et de la ficellerie universelle.

*

Le plat du jour, c'est bien, à condition de savoir à quel jour remonte sa préparation.

*

La goinfrerie est à la gastronomie ce que la muflerie est à la courtoisie.

*

L'astrogastronomie est la science de la découverte des étoiles des relais gastronomiques.

*

« Qui bouffe mange mal » dit un vieux proverbe parisien du XIXe siècle et du 15e arrondissement.

*

Un bon plat-de-côte vaut mieux qu'un mauvais pneu à plat en côte.

*

Le gratin dauphinois fait partie de l'aristocratie gastronomique dauphinoise.

*

La macédoine mondiale de grosses légumes est pernicieuse pour le maintien de l'équilibre gastronomique international.

*

Le devoir de se montrer ferme sur les prix ne donne pas à la viande le droit de se montrer ferme sous la dent.

*

Les soupapes, même grillées au feu rouge, ne sont pas comestibles.

*

Les grillades aux feux de Bengale ne se font qu'à l'occasion de la fête nationale du 14 Juillet.

*

Les bons crus font les bonnes cuites.

*

C'est le bienheureux Godefroy qui est le patron de la guilde des bouillons d'onze heures et de légumes.

*

Quand une coquille Saint-Jacques se glisse dans un entrefilet de presse, c'est généralement un contrefilet de sol à le Dugléré qui en est responsable.

*

Le poulet cocotte n'a aucun rapport avec les policiers efféminés.

*

Quand une andouillette franchit le mur du saucisson, ça fait du bruit dans la cuisine nucléaire.

*

Seul, le foie de veau de luxe est doré sur tranches.

*

Quand le boudin blanc manque de ressort, c'est qu'il est dans la purée noire.

*

Saint-Doux est le vénéré patron de la cuisine faite à la matière grasse du même nom.

*

J'ai connu et vu, dans un restaurant de dernier ordre, un maître d'hôtel dont l'habit était tellement graisseux que le seul endroit propre qui s'y trouvait avait l'air d'être une tache de graisse.

*

Dans un restaurant réputé, j'ai connu un éminent gastronome et non moins éminent épicu, c'est rien de le dire, dont le degré de myopie était tel qu'il devait toujours à son voisin de table d'avoir l'obligeance de lui dire qu'il avait tout mangé de ce que contenait son assiette.

*

Dans des conditions du même ordre j'en ai connu un autre du genre semblable et de compétence identique dont le degré de presbytie était tel qu'il prenait toujours un recul d'au moins quinze mètres pour se rendre compte s'il avait vidé sa bouteille complètement ou incomplètement.

*

Le gros qui tache est au mouton-rothschild ce que la brebis galeuse est à l'agneau pascal.

*

En gastronomie gustative arrosée, tant stratégique que tactique, la carte des vins est la meilleure carte d'état-major concernant les terrains vinicoles aménagés en fortifications liquides.

*

Les rots sont particulièrement appréciés des gastronomes musulmans, dont l'un des plus éminents, le cheikh Abdullah Ben Amach'Fehr, a dit : « Celui qui a des rots est un homme pieux, mais celui trop qu'a des rots est un infidèle du musée de l'Homme. »

*

La viande bovine la plus loyale est l'aloyau qui porte le nom de la loi qui en a ordonné l'appellation et déterminé la situation qu'elle occupe dans le bœuf.

*

La loi yau a été promulguée par la Convention, le 12 bovidaire de l'an II du calendrier républicain, sur proposition du citoyen Antoine Amédée Yau, de la célèbre section des pique-niques.

*

Quand on a trop mangé, l'estomac le regrette et, quand on n'a pas assez mangé, l'estomac le regrette aussi.

*

En gastronomie comptable pâtissière, il faut être vachement gonflé pour se lancer dans la comptabilité des millefeuilles.

*

Seuls les pâtissiers pilotes brevetés ayant un compte en banque suffisamment créditeur sont autorisés à pratiquer le vol-au-vent financière.

*

La reine Pomaré, de tahitienne mémoire, savait où mettre le poisson fumé dans une pipe à tuyau rigide que lui bourrait son officier de bouche, lequel, soit dit en passant, avait la tête à l'envers et la vue basse.

*

Le sandwich à la gabardine imperméabilisée, ça permet de casser la croûte sous la pluie sans qu'il se mouille. On l'appelle également, et pour cause, le sandwich neutre.

*

Le sandwich au bouillon gras ou de légumes, ce n'est pas mauvais, mais c'est mou, ça coule, ça tache, et, de surcroît, c'est complètement con.

*

Si la médecine a son serment d'Hippocrate, la cuisine a son serment de Lucullus dont la formule solennelle est, en sa noble rigueur et sa grandeur antique : « Je jure et *de facto* elle est nature, je le jure. »

*

C'est donc en vertu de ce serment sacramentel et par voie culinaire de conséquence gastronomique que j'invite celui ou celle qui m'a lu, non pas à déjeuner ou à dîner parce que je n'en ai pas l'intention, mais à faire son profit de tout ce qui précède et de tout ce qui s'ensuit, et qui, pour lui ou pour elle, a été cuit, recuit et surcuit. Ainsi soit cuit.

RECETTE

Dans le cadre éternel et solennel

Tant

proportionnel que traditionnel

de

la cuisine antique et authentique

Tant

biblique que publique

et

réciproquement

voici

la recette dogmatique et pragmatique

du

Plat de lentilles farcies à la Esaü

Poil aux cousus décousus recousus à la devisu

Pour faire pleinement sur mesure et réussir entièrement en confection ce plat subtil et délicat, seul de son type et unique en son genre, il convient de vous procurer par n'importe quel moyen un sac de lentilles, non pas biconcaves d'Érythrée, mais biconvexes de Galilée, dont vous versez le contenu dans un récipient d'époque époquétiquéenne en fonte émaillée d'Arnakhie mayénite dont la contenance correspond, à une correspondance près, à la quantité de lentilles nécessaires à sa suffisance, sans excès ni manque, c'est-à-dire ni trop ni pas assez. Poil aux pois cassés.

Vous ouvrez ensuite, et pas en fuite, vos lentilles avec un couteau à ouvrir, non pas les huîtres, mais les lentilles, à cran d'arrêt obligatoire ou facultatif et à manche à air comprimé en hydragyre de mercurie ; vous les divisez, une fois ouvertes, en deux parties égales, puis vous les creusez en les évidant, et réciproquement, avec un creusoir-évidoir en laiton écru du cru de Crustadylacée, juste ce qu'il faut pour que ce soit assez mais pas trop, poil au petit trot, et vous les farcissez en les garnissant, et concurremment, avec votre farce préalablement élaborée laborieusement aussi soigneusement que minutieusement, et parallèlement, avec de la viande de bœuf de Chaldée, de veau de Bersabée et de mouton d'Aramée, à l'exclusion de viande de porc de Cochonée, non permise parce que interdite par le rituel hébraïque, le tout, Kasher, naturellement, finement haché et copieusement arrosé de vin d'Idiomée, de cidre d'Urémée et de jus d'ananas de Jutfruitée, ainsi que généreusement assaisonné avec de l'oignon d'Anatolie, de l'ail d'Alexandrie, du persil de Persillée, de cerfeuil du lac Amer, de piment de la mer Rouge, de thym de la mer Morte, du laurier du canal d'Uréthrie, de safran du col de Safranie, d'huile d'arachide, de vinaigre d'Alkoholie, de sel de Salinie et de poivre de Mésopotamie. Poil aux momies endormies d'Hippopotamie.

Une fois, et pas deux, vos moitiés de lentilles bien farcies, c'est-à-dire ni trop, ni trop peu, mais assez pour que ce soit bien suffisant, avec les ingrédients farcisseurs, poil à la main de ma sœur dans la culotte d'un masseur farceur, précédemment explicités, vous les réunissez ensemble fortement pour les souder séparément solidement à l'aide d'un fer à souder, non pas les pièces métalliques, mais les *lenticula lentis* galiléïques, en zinc repoussé et compressé d'Arabie Saoudite ou de Bessarabie yéménite.

Votre préparation ainsi appareillée de la sorte est, pour ainsi dire, virtuellement achevée et, pour dire ainsi, pratiquement terminée. Poil aux cuisiniers subordonnés déterminés à ne pas se laisser dominer par un chef de cuisine malintentionné et inconventionné.

Vous procédez alors, en entrant dans sa phase cuisante, à la cuisson de vos lentilles de la sorte et ainsi farcies en les laissant cuire alternativement et successivement à feu ardent et à feu fervent, en observant scrupuleusement et consciencieusement la durée idoine et adéquate ainsi que nécessaire et suffisante de la cuisson en question pour que vos lentilles en action soient cuites en temps voulu et à point nommé, sur un foyer familial et conjugal en cuivre d'Arménie ou en nickel d'Éthiopie. Poil aux atteints de myopie et aux frappés de nyctalopie.

Il ne vous reste plus donc, et donc plus, cuisson arrivée à bon port et menée à bonne fin, qu'à retirer du feu éteint au moment opportun et à servir, avec une louche à lentilles en étain du Néguev ou en bois de pin d'Haïfa, pour que vous puissiez vous les farcir tout à loisir, vos lentilles farcies à la Esaü telles qu'Esaü les a eues de son frère Jacob en échange de son droit d'aînesse. Poil aux amis de la jeunesse d'Oderheisse et passepoil aux ennemis des dames patronnesses de Gonesse.

Voilà, c'est tout. Et maintenant bonsoir et bon appétit. À la suite de quoi je vous souhaite, avec conviction, bonne dégustation, bonne appréciation et bonne digestion de ce plat d'exception.

Dans le cas contraire, tous mes vœux, avec contrition, de bonne indigestion, de bonne indisposition et, en l'éventualité de bonne aggravation, de bonne et urgente hospitalisation.

DE LA MER, DES MARINS ET DES POISSONS

Les mers et les océans sont des vastes et immenses étendues d'eau salée, ce qui, pour autant, n'empêche pas les gros trafiquants maritimes de se sucrer avec.

*

La mer qu'on voit danser le long des golfes clairs est la même que celle qu'on ne voit pas se comporter ainsi et de la sorte par temps de brume épaisse et de visibilité nulle.

*

En intimité maritime le lagon est à la lagune ce que chacun est à sa chacune.

*

Les pêcheurs qui se consacrent exclusivement à la pêche Melba sont les usufruitiers de la marine de pêche.

*

C'est quand un navire a le vent debout que ses passagers ont du mal à se tenir de la même façon.

*

La devise de la navigation de croisière de luxe est : « Prends navire et laisse cargo. »

*

Un double bassin de radoub est un bassin de radouble.

*

Un quart de marine bien tenu vaut mieux qu'un demi de bière mal tiré.

*

Sur un bateau ivre tous les marins sont saouls. Et réciproquement.

*

Quand, par mer démontée et secouée par une violente tempête, un bateau de sauvetage, en danger de sombrer, se sauve lui-même par ses propres moyens, son chef de bord et ses hommes d'équipage n'en ont que plus de mérite maritime.

*

Les dix-huit trous du golfe du Mexique sont célèbres mais dangereux.

*

La matelote est un mets de poissons coupés en morceaux et accommodés avec du vin rouge et des oignons, et non la femme d'un matelot, plate comme une limande et qui file comme une anguille.

*

C'est derrière les fronts de mer que les marins dissimulent leurs pensées secrètes qui vont de pair avec leurs réflexions cachées.

*

Confondre le mât de beaupré d'un navire avec le Dalaï Lama du Tibet, c'est prendre un œuf dur pour une pomme cuite. Et réciproquement.

*

Alexandre Dumas de misaine est le fils d'Alexandre Dumas d'Artimon qui en est le père.

*

La mer des Caraïbes est loin de l'Océan glacial arctique parce que c'est comme ça et pas autrement.

*

Le fret maritime se décompose et se qualifie de la manière suivante : le petit fret, c'est celui qu'on transporte à la fraîcheur du soir. Le moyen fret, c'est celui qui couvre les siens. Le grand fret, c'est celui de grand standing. Les notes de fret se règlent à son débarquement. Quand un fret sent mauvais, c'est qu'il ne l'est pas. Le fret est soit d'aller soit de retour. Il n'est d'aller et retour qu'en cas de non-conformité avec le connaissement d'expédition ou récépissé le mérinos des marchandises transportées. C'est tout pour le fret en ce qui le concerne fretement.

*

Les caps dangereux que tentent désespérément de doubler les navigateurs en péril sont rarement de Bonne Espérance.

*

Quand un homme de vigie est un marin d'origine alsacienne qui a conservé son accent de terroir et crie, en contrepettant : « Le fut est en brutte », au lieu de : « Le but est en vue ! », il est rare qu'un marin d'origine bourguignonne, si le but en vue est un port iranien, ne s'écrie pas à son tour : « Y a qu'à le mettre en perce, crévain Dieu ! »

*

Le mouvement des marées et le mouvement des capitaux sont les deux mamelles du mouvement perpétuel.

*

La marée haute est une marée condescendante et la marée basse est une marée déférente.

*

Quand une marée chausse ses bottes de sept lieues marines, c'est une maréchaussée maritime à long rayon d'action.

*

Une marée vicieuse, c'est une marée salope.

*

Les grandes marées d'équinoxe rassemblent les grandes foules venues équinoxement autant pour les voir que pour se marrer, ce qui me paraît pour le moins irrespectueux et inopportun, étant donné que ceux qui viennent uniquement voir les grandes marées d'équinoxe pour se marrer feraient mieux, sans équinoxe et sans équivoque, d'aller se faire voir par les Grecs de la Méditerranée et de la mer Égée où il n'y a pas de marée du tout.

*

Quand deux bateaux naviguent de conserve, ça ne prouve pas qu'ils en transportent des boîtes.

*

Dans les régions de pêche clandestine, les bancs de harengs sont faits pour que les maquereaux qui surveillent les évolutions de leurs morues puissent venir s'y asseoir en toute sécurité poissonnière.

*

Un bateau qui chasse sur son ancre, c'est un peu comme un dragueur qui chasse la fille.

*

À l'inverse des hommes, l'océan se retire pour que la mer garde ses poissons.

*

Quand la mer moutonne, c'est que les troupeaux marins sont en transhumance.

*

Les langoustes sont des homards qui n'ont pas réussi et les langoustines des langoustes sous-développées.

*

Pour le maintien haut et ferme du pavillon de la marine nationale, il importe de ne pas confondre les messages secrets sous-marins avec les massages sous l'eau discrets exercés pour tenter de maintenir aussi haut et ferme que possible le pavillon de prestige sexuel déclinant de ceux sur lesquels ils sont laborieusement pratiqués.

*

Les crabes sont les frimants du cinéma marin.

*

Les moules littéraires sont celles qui en s'entrouvrant déclament les stances à la mellibranche.

*

Les fonds marins top secrets sont les fonds ultra-confidentiels du contre-espionnage sous-marinier.

*

Un estuaire est une mer qui ouvre sa grande gueule pour avaler un fleuve.

*

Pour les navigateurs, les passes dangereuses sont des mauvaises maisons de passe maritimes.

*

Les plages ont une origine très lointaine puisqu'elles remontent aux temps très anciens où la mer en chômage était restée sur le sable, après s'être mise en grève.

*

Les limandes-soles sont des poissons de mer indécis qui ne savent pas ce qu'ils veulent.

*

Quand une carpe dit « Hem », c'est qu'elle a su mettre à profit l'instant présent qui lui a donné l'occasion de ne pas mordre à l'hameçon d'un pêcheur d'Horace.

*

Les oursins sont des oursons marins qui vivent sur les pentes rocheuses des montagnes liquides et dont la nature ne manque pas de piquant.

*

Quand les eaux territoriales envahissent le territoire, celui-ci est en état de bain de siège.

*

La plus belle et la plus spectaculaire performance que puisse accomplir une tapineuse des ports qui travaille à l'abordage sur les bittes d'amarrage, c'est de filer correctement et régulièrement ses 30 nœuds à l'heure.

*

En conclusion logique, en toute justice liquide et en toute vérité aquatique, avant l'eau ce n'est pas l'eau, après l'eau ce n'est plus l'eau, l'eau c'est l'eau, un point, c'est tout.

DE LA MÉDECINE

Certains impuissants par suite d'excès vénériens et d'abus sexuels peuvent faire leur mea culpa de leur méat urinaire et d'érection pénistentiaire.

*

L'importance d'une ordonnance médicale se mesure à sa longueur ainsi qu'au nombre quantitatif des médicaments prescrits et est plus ou moins suivie à la lettre selon que l'écriture du médecin qui l'a rédigée est plus ou moins lisible.

*

Les coliques néphrétiques et les coliques hépatiques provoquent presque toujours des mouvements frénétiques effrénés, mais très rarement des manifestations excessives d'enthousiasme délirant.

*

La médecine du cœur concerne aussi bien ceux et celles qui n'en ont pas. Il en va de même pour la médecine gastrologique en ce qui concerne l'estomac.

*

Un bon médecin traitant doit traiter ses clients avec conscience, compétence, science et patience et non les traiter de Versailles, de Francfort, de Vienne et de Campo-Formio.

*

Le meilleur conseil médical que puisse donner un membre viril du Conseil de l'Ordre des médecins à un consultant de chirurgie hésitant et perplexe est celui de se faire couper les cheveux si c'est nécessaire plutôt que les testicules si c'est inutile.

*

Pour le médecin de quartier un cas médical sujet à caution est un cas médical sujet à potion. Pour le médecin de campagne un cas médical campagnard est un cas médical sujet à campagne médicale, et si, le cas échéant, le médecin de campagne est candidat à la municipalité, le cas campagnard médical est sujet à campagne électorale municipale.

*

Les membres du corps médical qui connaissent l'art du bien manger savent qu'il faut se méfier des auberges qui affichent « ici, cuisine soignée », étant donné qu'une cuisine soignée est une cuisine malade dont l'état nécessite des soins.

*

Si l'hypothalamus était autre chose que la région du diencéphale situé, faute d'autre place disponible, sous le thalamus, le siège des centres supérieurs du système neuro-végétatif devrait être transféré au centre régional du recouvrement des hypothèques le plus proche du domicile de tout sous-hypothalamé concerné.

*

Je me suis souvent demandé et me demande souvent encore ce qui peut bien différencier une bonne grippe d'une mauvaise, ainsi qu'une mauvaise bronchite d'une bonne.

*

En philosophie chirurgicale et en vérité expérimentale, il est permis de se demander ce qui peut bien pousser certains individus qui n'ont rien dans le ventre à se le faire ouvrir aussi délibérément qu'incompréhensiblement.

*

Quoi qu'en puissent dire ceux qui n'en pensent rien, le catgut, qu'on le veuille ou non, est encore le plus court chemin pour aller d'un point de suture à un autre, de même que les agrafes sont les meilleures attaches policières pour agrafer solidement les individus dont les bords d'une petite plaie sont quelque peu éloignés l'un de l'autre à effet de les rapprocher définitivement amiablement après leur séparation provisoire consécutive à une légère bagarre provoquée par des raisons sans causes.

DE L'AMOUR

Pourquoi, à l'instar des objets, n'existe-t-il pas un bureau des amours perdues et trouvées ?

*

En amour courtois, un galant homme donne toujours un grand coup de chapeau aux respectueuses tout en les gratifiant d'un cordial « salut les tapins » quand il les aborde.

*

Le terrain de l'adultère est un adultérien à vendre ou à louer.

*

L'amour à un, c'est l'amour unilatéral et anormal.

*

L'amour à deux, c'est l'amour normal et bilatéral.

*

L'amour à trois, c'est l'amour triangulaire et tripartite.

*

L'amour à quatre, c'est l'amour quadrangulaire et au carré.

*

L'amour à cinq, c'est l'amour quinquennal conforme au plan du même nom.

*

L'amour à six, c'est l'amour hexagonal et pyramidal.

*

L'amour à sept, c'est l'amour septennal en fonction de celle du septennat présidentiel républicain.

*

L'amour à huit, c'est l'amour octogonal qui se fait en faisant des huit.

*

L'amour à neuf, c'est l'amour qui se pratique sur ou sous le pont du même adjectif numéral cardinal.

*

L'amour à dix, c'est l'amour systématique et décadaire du système décimal.

*

L'amour à onze, c'est l'amour fatal au bouillon de la même heure.

*

L'amour à douze, c'est l'amour à la Louis douzième du nom ou à la Père du peuple, qui s'exerce avec une douzaine d'huîtres en bandoulière, une douzaine d'escargots en sautoir et une grosse de moules en couronne autour du ventre.

*

L'amour à treize, c'est l'amour à la mêlée de rugby du même nombre.

*

L'amour à quatorze, c'est l'amour monarchique absolu à la façon du Roi-Soleil, la canne à rubans en évidence et la perruche à crans par-dessus.

*

L'amour à quinze, c'est l'amour royal, vénérable et vénérien à la manière particulière, personnelle et portée sur la bagatelle de Louis le Bien-aimé, le Bien-roulé et le Bien-vérolé.

*

L'amour à seize, c'est l'amour chic et snob, spécial et compliqué, à la mode amoureuse des initiés associés du seizième arrondissement, le cul dans un grand seau à glace rompue et les œuvres vives des convives sur le clavier d'un large piano à longue queue de concert, à pédale tantôt douce, tantôt forte et à couvercle rabattu.

*

L'amour à dix-sept, c'est l'amour en enfilade et à la poussette à la va-comme-je t'enfile et à la va-comme-je te pousse.

*

L'amour à dix-huit, c'est l'amour en rond et à la sauvette à la va-comme-je te tourne et à la sauve-qui-peut.

*

L'amour à dix-neuf, c'est l'amour à la « Dis-moi si ce que tu tiens est neuf, je te dirai si ce que je tiens est veuf ».

*

L'amour à vingt et au-delà, ce n'est plus de l'amour, mais une belle cochonnerie proprement dégueulasse. Poil à la mélasse de dernière classe.

DU GÉNÉRAL AU PARTICULIER

Un exercice de grammaire n'est pas incompatible avec un fonctionnaire dans l'exercice de ses fonctions pas plus qu'une analyse logique ne l'est avec une analyse d'urines.

*

S'il est vrai qu'on ne fait pas d'omelette sans casser plus ou moins d'œufs, il est non moins vrai qu'on ne casse pas la gueule à quelqu'un sans provoquer à sa physionomie des dégâts plus ou moins omelettardeux.

*

Si nombre de gens ont peur de la mort, la mort ne craint personne.

*

Qu'on l'admette ou pas et qu'on le veuille ou non une bonne soupe aux choux est tout de même préférable à une méchante soupe à la grimace. Et irréversiblement.

*

Sur le plan physiologique l'égalité des sexes est une flagrante irréalité puisque, en évidente réalité, il n'existe pas de sexes masculins de la même longueur et de la même grosseur, pas plus qu'il n'existe de sexes féminins de la même largeur et de la même profondeur.

*

Depuis le temps que la nuit succède au jour et que le jour succède à la nuit, je me demande à quelle somme fantastique et astronomique se montent les droits de succession des jours et des nuits successifs.

*

La spontanéité d'un mouvement au sens de propre à soi n'est qu'illusoire puisque tout ce qui bouge est soumis aux lois de la gravitation universelle qui régissent l'attraction de même nature ainsi que les attractions de cirque et de music-hall.

*

Quand un mari trompe sa femme avec sa belle-sœur et que sa femme le trompe avec son beau-frère, l'adultère ne sort pas de la belle famille et se passe, de ce fait, en famille plus ou moins belle.

*

Je me suis toujours étonné et j'ai toujours été surpris qu'un record battu ne se soit jamais plaint, pas plus à quiconque qu'à qui que ce soit, de l'avoir été.

*

Il vaut mieux s'en jeter un derrière la cravate que de se jeter une cravate dans le derrière.

*

Les chiens de fusil sont aux chiens de chasse ce que les chiens de chasse sont à la chasse au fusil de chasse.

*

Quand on est passé de vie à trépas, on n'a plus rien à craindre de la mort puisque celle-ci ne s'attaque qu'aux vivants.

*

Douze hommes en colère, debout sur une barricade pour se révolter contre une injustice sociale, sont plus dignes d'estime qu'une douzaine de types apathiques, assis passivement sur un banc, qui ne protestent pas contre l'injuste refus d'un avantage social.

*

Rien n'est plus agaçant que de ne pas se rappeler ce dont on ne parvient pas à se souvenir et rien n'est plus énervant que de se souvenir de ce qu'on voudrait parvenir à oublier.

*

Le jour où on désarmera le béton armé, on aura fait un grand pas vers le désarmement général.

*

La véritable philosophie, tant morale que fondamentale, consiste toujours, en toute circonstance, à ne jamais se faire plus de bile que de mauvais sang. Et réciproquement.

*

Il est plutôt rare qu'une facture impayée soit acquittée au bénéfice du double.

*

Quand, sur les 12 cylindres d'une voiture de compétition insuffisamment mise au point, il y en a 3 en V, 3 en WW, 3 en Y et 3 en Z, c'est qu'il est nécessaire d'y adjoindre 3 cylindres complémentaires d'accentuation, l'un en accent grave, l'autre en accent aigu et le troisième en accent circonflexe. Poil aux bons réflexes.

*

Il n'y a pas que des protestants qui descendent dans la rue pour protester contre les injustices sociales, il y a aussi des catholiques, des juifs, des musulmans, des athées, des agnostiques et même des apoplectiques.

*

Le vrai croyant est celui qui croit en ce qu'il croit et non à ce que les incroyants tentent de lui faire accroire.

*

Dans le domaine littéraire et musical les plagiaires, tant décriés, ne sont au fond que d'honnêtes écrivains reconnaissants aux auteurs qu'ils plagient d'avoir pris la peine d'écrire leurs œuvres pour leur éviter celle de le faire eux-mêmes.

*

Quoi qu'en pensent ceux qui le croient, et réciproquement, un récipiendaire n'est pas une chambre à air, et inversement.

*

Si les parallélogrammes se vendaient au kilo, les parallélépipèdes se débiteraient à la livre, quitte à perdre leurs six faces et à tomber du haut de leurs huit sommets.

*

Les femmes de mœurs légères ont parfois la tâche lourde avec les hommes de poids.

*

Celui-là qui a les pieds plats est à pied d'œuvre pour les mettre dedans. Poil aux dents.

*

Les pêcheurs de lune ne font de la pêche sous-marine que par les nuits sans lune pour pêcher des rêves dans les fonds sous-marins.

*

Les gens qui ne sont jamais contents de leur sort sont ceux qui se plaignent toujours que ça va plutôt mal quand ça ne va pas assez bien ;
qui, lorsque ça va moins mal, se plaignent que ça n'aille pas mieux ;
qui, lorsque ça va mieux, se plaignent que ça n'aille pas encore mieux ;
qui, lorsque ça va bien, se plaignent que ça n'aille pas très bien ;
qui, lorsque tout va très bien, trouvent que tout n'est pas parfait ;
qui, lorsque tout est parfait, déplorent que tout ne soit pas plus que parfait ;
qui, lorsque tout est plus que parfait, déclarent amèrement que la perfection n'est pas de ce monde ;
qui, lorsqu'ils ont tout ce qu'ils veulent, estiment qu'ils n'ont pas tout ce qu'ils désirent
et
qui, lorsqu'ils ont enfin tout ce qu'ils veulent et tout ce qu'ils désirent, font une dépression nerveuse parce qu'ils n'ont plus rien à vouloir ni rien à désirer. Poil aux désemparés.

III

CONFÉRENCES

LE SURRÉNALISME

À l'inverse et au rebours de ce que pourraient faussement imaginer et altérément conjecturer certains mélancoliques néphrétiques et d'aucuns ménalcoliques, hépatiques, nostalgiques et postalgiques d'un passé résolument révolu et d'un naguère opiniâtrement dévolu, le surrénalisme – le surrénalisme intégral, bien entendu, et non le surrénalisme partiel, bien attendu – n'est nullement une tentative de relance du célèbre et fameux surréalisme dont, par ailleurs, il n'est aucunement question de minimiser l'influence considérable qu'il exerça au temps de son époque dans de nombreux domaines ainsi que sur nombre de terrains et réciproquement.

Au contraire et à son encontre, le surrénalisme intégral (*surrenalinus integralis*) dégagé, lui, de toute tendance ésotérique (*tâdâs esôterikos*) s'inspire de concepts infiniment plus objectifs et tient culturellement compte des impératifs catégoriques (*imperativus categoricus*) sexonomiques et sexologiques de l'ère nucléaire qui est actuellement présentement la nôtre étant et existant, tant atomiquement que noyautiquement et réversiblement.

La finalité de la causalité, tant externe qu'interne, et inversement, du surrénalisme, mouvement empirique par essence super et extra, par définition, est de réaliser l'accord de synthèse, apparemment contradictoire, de l'abstrait et du concret ainsi que celui de l'imaginaire et du réel.

Contradiction qui, en l'opportuniste occurrence, s'annule d'elle-même, étant donné et vu que la doctrine surrénaliste est en sa modalité, déterministe de principe originel de notoriété, irréfragablement et irrécusablement (de *irrefragabilis* et de *irrecusabilis*) d'expression glandulaire et de figure hormonale, c'est-à-dire que les racines de ses éléments conceptuels principaux plongent au plus profond des sources mêmes de la vie et piquent au plus intense des foyers essentiels de l'existence.

En tout état de cause et en toute cause d'état, le surrénalisme, du fait accompli de son intégralité consommée, est basé sur le prospectus fractionnel – pardon – sur le processus fonctionnel, veux-je dire, des glandes surrénales, lesquelles, organiquement étant et mécaniquement agissant, sont formées, respectivement et scolastiquement, de deux glandes endocrines, la corticosurrénale, productrice d'hormones stéroïdes et d'androgènes, et la métallosyndicale – pardon – et la médallosurrénale, voulais-je dire, qui, à l'instar de la police du même nom, sécrète, elle aussi, une hormone : l'adrénaline.

Or, c'est là que le surrénalisme trouve et découvre sa pleine et entière motivation car, en vérité hormonale et en réalité glandulaire, qu'est-ce que l'adrénaline, sinon une hormone issue de secours – pardon – issue de la portion médullaire, donc centrale, des glandes surrénales, lesquelles subissent l'influence de l'hypophyse et, par rétroaction, agissent sur elles ?

L'hypophyse, elle, sécrète plusieurs hormones plus ou moins transverses et plus ou moins diverses, parmi lesquelles les stimulines qui agissent sur le fonctionnement des autres glandes endocrines, et tout particulièrement sur les gonades ou glandes sexuelles dont l'importance et l'utilité ne sont pas plus à prouver qu'à démontrer, tant réciproquement qu'inversement et vice versamment.

En bref, comme le surnom du roi Pépin et en concis, comme le sire du même nom la doctrine surréaliste n'est autre que l'abrutissement traditionnel – pardon – l'aboutissement traductionnel, veux-je dire, de la philosophie hormonale, génératrice de l'hormonie universelle post-établie, laquelle contient l'ensemble des principes nécessaires et suffisants à la structuration et au développement du complexe sexuel humain, de ses éventuels prolongements ultérieurs et de ses possibles élargissements postérieurs.

Pour en finir, afin de conclure de manière réciproque et de façon mutuelle ce digeste exposé ainsi disposé et de la sorte déposé, il n'est pas plus licenciable en route que révocable en doute, et bilatéralement, que le surrénalisme intégral, facteur déterminant de la mystique sexologique mise à l'heure atomique, englobe indistinctement tous les secteurs de l'art galvanique sous toutes ses formes ainsi que tous les districts de la vulgarisation organique sous tous ses aspects.

Mode nouveau d'expression des phénomènes suprasensoriels à l'état major – pardon – à l'état d'action, veux-je dire, le surrénalisme peut, à juste titre sur Cinq colonnes à la une, être non seulement légitimement considéré comme l'instrument de self libération et d'autodétermination des instincts naturels des êtres en tant que tels et en tels quêtant, et de leur libido poussée jusqu'à son paroxysme, mais encore et surtout comme le véhicule idéal de la décentraplanétisation raffinée et de l'expansion sublimée de la sexualité dans l'éther, c'est-à-dire le pire évanouissement – pardon – le libre épanouissement, veux-je dire, dans l'indépendance totale et absolue de l'orgasme suprême par-delà les horizons illimités et sans frontières de l'univers cosmique ou, en d'autres termes, ce qu'il conviendrait de nommer, pour plus de clarté, l'homéosthasie spatiale et, pour plus de netteté, l'homéothermie spéciale.

Il ne m'appartient pas d'exercer la moindre pression sur quiconque, ni de pratiquer le moindre frottement sur quelconque, pour les influencer et les influxencer en quoi que ce soit et en soit que ce quoique concernant ce qu'ils pensent et déduisent du surrénalisme ainsi que des idées qu'il expose et défend réciproquementement et inversementement à chacun d'entre eux d'en tirer la morale et les conclusions qu'il estime devoir être les siennes, de l'admettre ou de le rejeter, pourvu que ce soit en toute chaste honnêteté et en toute pure intégrité, de même qu'en toute sûreté nationale et en toute sécurité sociale.

Il est, certes, à prendre en bloc ou à laisser en notes, car son ensemble forme un tout inséparable et indissociable, au même titre que la magistrature inamovible et indéfectible et de la République une et indivisible.

De toute manière, il ne peut que susciter un intérêt plus ou moins variable et plus ou moins instable selon son taux d'admissibilité plus ou moins proportionnel au montant de son refus, et de toute façon ceux qui n'en veulent pas n'auront rien d'autre, pour la bonne espagnole – pardon – pour la bonne raison, veux-je dire, qu'il est irremplaçable et ne peut, de ce fait qualifié, être remplacé. Poil au violacé.

Quoi qu'il en soit et soit qu'il en quoique, j'espère et j'escompte doublement, réciproquement et géminément inversement, voir un jour, d'autant plus proche qu'il sera moins éloigné, le surrénalisme, symbole emblématique de caractérielle pérennité perdurable de lièvre ou de lapin, au choix, se répandre irrésistiblement et irrépressiblement de par le vaste monde, en sa fondamentale intégralité au point de devenir universel en la totalité de son programme officiel et complet avec l'analyse de la doctrine et la photographie fidèle et sincère de ses ardents et fervents propagandistes, pour le bonheur du genre humain tout entier et de la félicité de l'humanité tout entière, ainsi que pour le salut éternel des âmes pieuses et la gloire immortelle de nos aïeux, poil aux yeux, ce dont je suis non seulement étroitement persuadé, mais encore et aussi intimement convaincu. Poil au... terminé.

LE BIGLOTRON

Il aura fallu attendre la seconde moitié du XXᵉ siècle pour que l'Humanité découvre, grâce à Pierre Dac, l'une des inventions les plus importantes de tous les temps...

Comment avait-on pu s'en passer jusque-là ? C'est ce que nous nous demandons aujourd'hui... Que de drames évités, que de guerres empêchées si nous avions « su » avant...

Notre seul regret est de ne pas avoir connu plus tôt le Biglotron universel...

Dernier-né de la technique expérimentale d'expression scientifique d'avant-garde, le Biglotron est un extraordinaire appareil de synthèse dont la conception révolutionnaire bouleverse de fond en comble toutes les lois communément admises, tant dans le domaine de la physique thermo-nucléaire que dans celui de la gynécologie dans l'espace.

Entièrement réalisé en matière agnostique, autrement dit, pour éclairer le profane, en roubélure de plastronium salygovalent, il se présente sous la forme néo-classique d'un tripottsolipède rectangle, c'est-à-dire d'un ictère octopolygonal à incidence ipso-facto-verso-rectométrique.

Tel qu'il est, le Biglotron se compose, ou plus exactement se décompose en trois circuits principaux dont deux secondaires et un complémentaire et dont voici, par ordre d'entrée en action, le processus fonctionnel de sa posologie fondamentale :

Tout d'abord, dans le premier circuit, on distingue le Clebstroïde qui, isolé du P.X. de l'intrudmon par une armature en fignabulose ignifuge, agit, par capillarité médullaire, sur le fiduseur de télédéconométrie différée, lequel, en vertu du phénomène d'osmose ondulatoire érigé en principe par le célèbre physicien Jean-Marie Keszke-Lavoulvoule, catalyse en quelque sorte le Schpoutzmühl de dérivation qui, par voie de conséquence, se trouve entraîné par le brigmuch michazérospiroïdal en direction de la zone d'influence de la boustife de relevailles dont le tuyau d'argougnaphonie spéculaire libère un certain volume de Laplaxmol, lequel, comme chacun le sait, n'est autre qu'un combiné de smitmuphre à l'état pur et de trouduchium filtrant sulsiforé.

Dans le deuxième circuit, le même mouvement s'opère, mais en sens inverse ; il est donc inutile d'en parler, même à voix basse, d'autant que c'est dans son troisième circuit que se trouvent étroitement conjugués les éléments majeurs de vérité parmi lesquels le schpatzmocl rotatif à crémaillère alternative dont le rôle de générateur permanent d'énergie est prépondérant puisque, par le simple truchement de son induit de giclée, il polypophéripotéise littéralement le filtre à moléculbutant, lequel, en dernière analyse, détermine l'angle orbiculaire et synochoïdal du foutaisiogognomètre à spirale introputréfactionnelle.

C'est à ce moment que se déclenche – sauf les dimanches et jours de fêtes – le bobinaromètre de diversion qui, par le seul jeu de ses trois Pétassapiflon et de ses deux Poufiassatarif, active l'alimentation pruritaire de l'eczématofil de rupture, ce qui permet d'assurer la selfsaturation plurilatérale de l'hufnuf à tête chercheuse et d'empêcher, par ailleurs, la formation de cristaux de niortiflore de barzanoufle sur les parois tubulaires des pepsoïdaux caltinomalfoireux, c'est-à-dire de neutraliser le calcifrage, le redoutable calcifrage, toujours à craindre à cette période par suite du passage du flagdazmühl dans le calcif du propentaire de nartification.

Parallèlement enfin, le flugdug – le flugdug métranoclapsoïdique, naturellement – autrement ça n'aurait aucun sens –, le flugdug donc, prenant appui sur la muffée d'allergie du connecteur à rustine de distorsion hémorroïdo-statique, canalise, d'une part, l'afflux des particules hypodméfessaloïdes et, de l'autre, le reflux indexé des molécules hypersonfrocoïdaux, d'où élimination positive de toute interférence parasitaire puisque l'ensemble de la vélomation des circuits est, *en dernier ressort*, simultanément contrôlé par l'amplificateur de roupane et par l'utilisation rationnelle, dans la bélure paphamotrice, de la force extra-phalzaroïdique, laquelle, comme nul ne l'ignore, est proportionnelle au carré des ondes talerdinconcentriques.

Tel est, dans ses lignes essentielles, le Biglotron, que les plus hautes autorités internationales s'accordent à reconnaître comme la plus étonnante découverte de notre temps et qui, dans un avenir d'autant plus proche qu'il sera moins éloigné, est appelé non seulement à servir à tout, ce qui est la moindre des choses, mais encore et surtout à n'importe quoi, y compris tout ce qui en découle, sans préjudice du reste et de tout ce qui s'ensuit.

LES GRANDS INCONNUS
DE L'HISTOIRE :
SLALOM JÉRÉMIE MENERLÂCHE

Astrologiquement et exceptionnellement placé sous le triple signe zodiacal du Lion, du Fox à poils durs et du Sagittaire avant de s'en servir, Slalom Jérémie Menerlâche naquit, il y a une cinquantaine d'années environ, à Mouchabœuf-en-Tournée, dans la Meuse, charmante localité située sur les bords de la Semoule, entre Morzy-les-Gracieuses et Issoubly-sous-l'Huy.

Quoique étant incontestablement de souche lorraine, un léger doute subsiste néanmoins quant à la pureté de son ascendance, puisqu'il est Savoyard par sa mère et Auvergnat par un ami de son père.

Parisien de longue date, il habite sur la rive gauche, au 44 de la rue du Chien-qui-Quête, juste en face de la Faculté de se mouvoir sans lumière dans l'obscurité.

Marié, il y aura vingt-sept ans aux pommes de terre nouvelles, à une charmante jeune femme qui lui donna trois garçons et une paire de jumelles avec la courroie et l'étui, il est à la fois le fils de ses œuvres et le père de ses enfants.

Très jeune, il perdit ses parents, bêtement d'ailleurs, dans la foule, à la Foire du Trône, ce qui lui donna droit, après déclaration de perte à l'état civil, à l'appellation contrôlée d'orphelin provisoire.

Il se trouva donc, de fort bonne heure, dans l'obligation de se livrer aux besognes les plus diverses pour gagner sa vie, et c'est ainsi qu'il fut, successivement et entre autres, essayeur de sucettes dans une confiserie clandestine, imprésario et organisateur de galas au bénéfice de l'organisation des organisateurs de galas, et enfin donneur dans un institut d'insémination artificielle où il fut remercié pour son insuffisance de matière première.

Sans compter son passage, vers 1932, comme interne des hôpitaux, en qualité de malade, il est vrai.

Sur le plan honorifique, Slalom Jérémie Menerlâche qui perdit un ancêtre à Bouvines et un autre à bout de souffle est officier du mérite agricole et commandeur du mérite une paire de claques.

Il parle et écrit couramment une bonne dizaine de langues, dont le yaourt, le strabisme, le phéno-barbital et le moldosamovar. Naturellement, Slalom Jérémie Menerlâche a beaucoup voyagé et a connu de multiples aventures et entre autres celle-ci que je m'en voudrais de ne pas vous conter :

C'était en Norvège par un rude hiver, alors que le thermomètre marquait 25 °C au-dessous de zéro. Imprudemment et sans se méfier, Slalom Jérémie Menerlâche, s'étant placé contre un mur pour satisfaire un besoin naturel, se trouva derechef dans la pénible obligation d'attendre le dégel pour pouvoir s'en aller…

En marge de ses occupations professionnelles, Slalom Jérémie Menerlâche a un violon d'Ingres : l'art poétique, dont il est un fervent amateur.

Outre un remarquable exercice de style accéléré sur les pruneaux cuits et les pruneaux crus, on lui doit, en dehors de certaines sommes d'argent qu'il a bien du mal à récupérer, un adorable et ravissant poème d'inspiration et de facture néo-romantique intitulé *La Mère et le Bambin*. C'est un émouvant et gracieux dialogue entre une jeune maman et son petit garçon.

Voici ce très joli poème :

— *Tiens mon enfant, v'là du fromage.*
— *Maman, y a-t-y du sucre dessus ?*
— *Non, mon enfant, c'n'est pas l'usage.*
— *Alors, tu peux te l'foutre à la Caisse des dépôts et consignations.*

Enfin, éminent humaniste et résident monégasque, il vient d'adresser à l'Académie des Inscriptions sur les murs et des Belles-Lettres recommandées un admirable recueil de pensées qui, par l'altitude de leur élévation, laissent loin derrière elles aussi bien celles de Socrate, de Platon, de Marc-Aurèle et de Pascal que celles d'Eficite, d'Empédicle d'Agrigente, d'Anaxagore de Clazomène, de Diodore de Sicile et de Lalicilate de Soude. Les citer toutes, ce ne serait pas assez. N'en citer aucune, ce serait trop. J'en ai donc choisi trois parmi les plus belles, les plus nobles, les plus profondes, les plus humaines aussi :

1) « Qu'on le veuille ou non et à toutes choses égales, il vaut mieux s'enfoncer dans la nuit qu'un clou dans la fesse droite. »

2) « Parler pour ne rien dire et ne rien dire pour parler sont les deux principes majeurs de tous ceux qui feraient mieux de la fermer avant de l'ouvrir. »

Et enfin la troisième qui touche au sublime par son souriant réalisme et sa sereine philosophie : « Quand, durant tout un jour il est tombé de la pluie, de la neige, de la grêle et du verglas, on est tranquille...

... Parce que, à part ça, qu'est-ce que vous voulez qu'il tombe ?

... Oui... je sais... Mais enfin, c'est rare ! »

Voilà, mesdames et messieurs, qui est Slalom Jérémie Menerlâche, de Mouchabœuf-en-Tournée, dans la Meuse.

Un rude et courageux compagnon, comme vous le voyez, et qui a su gagner, à la sueur de son entregent, le droit de cueillir désormais et en toute plénitude les fruits confits de ses constants efforts.

Aussi, qu'il me soit permis de saluer en lui l'un de ces modestes et vaillants pionniers qui, jour après jour, et par la seule force de leurs ancestrales vertus, forgent silencieusement le fier levain qui, demain, ou après-demain au plus tard, fera germer le grain du ciment victorieux au sein duquel, enfin, sera ficelée, entre les deux mamelles de l'harmonie universelle, la prestigieuse clé de voûte qui ouvrira à deux battants la porte cochère d'un avenir meilleur sur le péristyle d'un monde nouveau.

SCÈNES BRÈVES
DE LA VIE QUOTIDIENNE

DÉCOR

À l'ombre des gougnafiers en fleurs, dans le bois de Boulogne, deux messieurs graves et dignes échangent des propos philosophiques et téléologiques.

PREMIER MONSIEUR : Quand même, quand on y réfléchit, c'est une drôle de chose que l'existence.

DEUXIÈME MONSIEUR : Oui.

PREMIER MONSIEUR : Quand je dis drôle, c'est une façon de parler.

DEUXIÈME MONSIEUR : Oui.

PREMIER MONSIEUR : Et manière de dire.

DEUXIÈME MONSIEUR : Oui.

PREMIER MONSIEUR : Car, malheureusement, il y a des mauvais moments à passer.

DEUXIÈME MONSIEUR : Oui.

PREMIER MONSIEUR : Des bons aussi, heureusement.

DEUXIÈME MONSIEUR : Oui.

PREMIER MONSIEUR : Mais, bons ou mauvais, comme le temps, ils passent.

DEUXIÈME MONSIEUR : Oui.

PREMIER MONSIEUR : Plus ou moins vite et plus ou moins lentement.

DEUXIÈME MONSIEUR : Oui.

PREMIER MONSIEUR : Au fil des jours et bon gré mal gré.

DEUXIÈME MONSIEUR : Oui.

PREMIER MONSIEUR : Qu'on le veuille ou non et que ça plaise ou pas.

DEUXIÈME MONSIEUR : Oui.

PREMIER MONSIEUR : Et réciproquement.

DEUXIÈME MONSIEUR : Oui.

PREMIER MONSIEUR : Bref, tout passe, tout lasse et tout casse.

DEUXIÈME MONSIEUR : Oui.

PREMIER MONSIEUR : En définitive, quand on y pense, on est bien peu de chose sur terre.

DEUXIÈME MONSIEUR : Non.

PREMIER MONSIEUR : Pourquoi dites-vous non ?

DEUXIÈME MONSIEUR : Parce que j'en ai assez de dire oui.

DÉCOR

À la salle des ventes top secrète d'une base atomique ultra-confidentielle du côté de quelque part dans le monde.

COMMISSAIRE-PRISEUR : Nous allons procéder à la vente aux enchères particulières et spéciales d'un superbe engin spatial de toute beauté, garanti d'époque et certifié d'origine, comportant trois étages au-dessus de l'entresol et au-dessus de tout soupçon avec escalier d'accès amovible équipé de sa rampe de lancement escamotable, ascenseur alternatif fonctionnant au gaz d'hélium, cave à carburant *ad libitum*, grenier à sels de sodium, terrasse de fusée ornée de fleurs tropicales et de plantes équatoriales, cabine de luxe garnie de moquette en tôle galvanisée par l'enthousiasme général, sas de passage étanche en nylon aéré, chauffage au deutérium, nucléairage au proton, sanitaire au neutron. Tout confort. En parfait état de vol au vent dans l'espace. Mise à feu, six… nous disons six… six…

VOIX : Cinq.

COMMISSAIRE-PRISEUR : Cinq à ma droite… cinq…

VOIX : Quatre.

COMMISSAIRE-PRISEUR : Quatre à ma gauche… quatre… qua…

VOIX : Trois.

COMMISSAIRE-PRISEUR : Trois face à moi… nous disons trois… Qui dit moins ?

VOIX : Deux.

COMMISSAIRE-PRISEUR : Deux dans le fond... deux... regardez bien, mesdames et messieurs, c'est une occasion unique et exceptionnelle... deux... deux... une fois...

VOIX : Un.

COMMISSAIRE-PRISEUR : Un face au mur du son... un... allons, un petit effort, ça vaut moins que ça... un... un... personne ne dit plumet... pardon ! ne dit plus mot... un... une fois... deux fois...

VOIX : Zéro.

COMMISSAIRE-PRISEUR : Trois fois. Adjugé, vendu !

(Le commissaire-priseur abat son marteau sur le bouton de commande de départ et la fusée s'élève lentement, mais sûrement dans l'atmosphère et dans un bruit de tonnerre consécutif à l'explosion ainsi provoquée adjudicatairement et ad valoremement.)

DÉCOR

En chaire de l'église Notre-Dame des Truands, à Ytape-le-Carton, dans la Creuse, le curé de la paroisse commence son sermon dominical.

CURÉ : Mes très chers frères, mes très chères sœurs…

VOIX : Et les beaux-frères et les belles-sœurs, non ?

CURÉ : Mes très chers frères, mes très chères sœurs, mes très chers beaux-frères, mes très chères belles-sœurs, saint Jean…

VOIX : Et les beaux-pères et les belles-mères, ils y ont pas droit, non ?

CURÉ : Mes très chers frères, mes très chères sœurs, mes très chers beaux-frères, mes très chères belles-sœurs, mes très chers beaux-pères, mes très chères belles-mères, saint Jean d'Arnakhos…

VOIX : Et les oncles et les tantes, y comptent pour du beurre fondu ?

CURÉ : Mes très chers frères, mes très chères sœurs, mes très chers beaux-frères, mes très chères belles-sœurs, mes très chers beaux-pères, mes très chères belles-mères, mes très chers oncles, mes très chères tantes, saint Jean d'Arnakhos, dans son…

VOIX : Et les cousins et les cousines, ils sont excommuniés ou quoi ?

CURÉ : Mes très chers frères, mes très chères sœurs, mes très chers etc., etc., saint Jean d'Arnakhos, dans son épître aux Propariens, a dit : « Que ceux qui profanent la maison du Très-Haut en se conduisant comme des malpropres aillent se faire bénir par les Grecs du rite orthodoxe. » Bedeau, faites évacuer l'église. Et que ça saute, nom de Dieu ! Oh ! pardon, Seigneur !

DÉCOR

HÔTEL TRÈS PARTICULIER

Sur la porte, cette inscription : Club strictement privé. Entrée rigoureusement interdite à toute personne non admise.

(Devant la porte se tient le balèze videur maison. Un monsieur l'avise en l'abordant et réciproquement.)

MONSIEUR : C'est bien ici le...

VIDEUR : Ouais. Qu'est-ce que c'est ?

MONSIEUR : Je viens pour...

VIDEUR : Ouais. Vous avez le mot de passe ?

MONSIEUR : Oui.

VIDEUR : Ça va, entrez.

DÉCOR

RUE PLUS OU MOINS BARRÉE ET PLUS OU MOINS OBSTRUÉE

(Un amnésique aborde en l'avisant et inversement un agent de la circulation dans l'exercice de ses fonctions.)

AMNÉSIQUE : Pardon, monsieur l'abbé, où dois-je m'adresser pour retrouver ma mémoire perdue ?

AGENT : Au bureau des souvenirs perdus et retrouvés, 36, rue des Morillons, 75 Paris 15e, métro Convention, ligne no 12, Mairie d'Issy-Porte de la Chapelle et réciproquement.

AMNÉSIQUE : Merci beaucoup, madame la marquise.

DÉCOR

Au chevet d'un agonisant à Paricy-la-Sorty, dans le Calvados.

CURÉ : Alors, mon père Biglautrain, on est en train de mourir ?

B. : Eh oui, mon père !

CURÉ : *Acta est fabula, alea jacta est, fugit irreparabile tempus, legis est, dura lex, sed lex*, mon fils.

B. : Comme vous dites, mon père.

CURÉ : Alors, il est temps de vous administrer les derniers sacrements. Voyons, qu'est-ce que je vous fais comme administration, mon fils ?

B. : Ben, faites-moi un petit assortiment, mon père.

CURÉ : *Fiat ultimus voluntas tua, meus filius*, c'est-à-dire que votre dernière volonté soit faite, mon fils.

B. : Merci, mon père.

CURÉ : Tout à votre service funèbre, mon fils.

SOLO DE TÉLÉPHONE

DÉCOR

UN BUREAU D'HOMME D'AFFAIRES

(Le téléphone sonne. L'homme d'affaires en question décroche et répond.)

Allô... allô oui j'écoute... quel numéro demandez-vous, monsieur ?... le 627-86-12 ?... Alors là, ça dépend... de quoi ?... mais de la disposition des chiffres formant le total du nombre numéral demandé... eh ! oui... par exemple s'il s'agit du 627-86-12 deux fois 6 ou trois fois 4, c'est une erreur d'orientation arithmétique et de fausse direction téléphonique... oui... par contre, s'il s'agit du 627-86-12 six fois 6, multiplié par 4 et divisé par 10, c'est bien ici... c'est bien dans cet ordre que vous avez formé le 627-86-12 sur le cadran de votre appareil ?... Oui ? alors, dans ce cas, vous avez tiré le bon numéro... À qui désirez-vous parler, monsieur ?... À monsieur Ludovic Halévou-Fayrvoir, président-directeur général des Établissements Tanky-Yoradla et Cie ? C'est moi-même, monsieur... monsieur... monsieur... à qui ai-je l'honneur sinon l'avantage de... pardon ?... parlez plus fort, je vous entends mal... pardon, vous dites ?... que j'aille me faire curé ?... excusez-moi, monsieur, mais je n'ai pas la vocation... ah ! que j'aille me faire curer les oreilles ?.... amusant ça... si, si, très fin et très spirituel même... et nouveau, par-dessus le marché commun...

ah ! je vous entends mieux… il y avait une de ces fritures !… oui, sans doute un pêcheur à la ligne téléphonique qui faisait frire un numéro de rivière de télécommunication… nous disons donc, j'ai affaire à qui ?… à monsieur Alexandre Auguste… Alexandre Auguste comment ?… voulez-vous avoir l'obligeance de l'épeler ?…. mais non, monsieur, pas les pommes de terre, votre nom… merci, je note… S, comme hesse-nassau… c, comme Séraphin… é, comme hématome… p, comme sur une toile cirée… a, comme hallebarde… l, comme le pigeon… u, comme humérus… i, comme hydrophile… s, comme estragon… c, comme Sébastien… é, comme hécatombe… l, comme helvétique… a, comme haricot… u, comme humidité… t comme au lait ou au citron… r, comme Air-France et e, comme œil… Monsieur Alexandre-Auguste Scépaluiscélautre ?… c'est bien ça ?… Parfait. Vous désirez me parler personnellement ?… désolé, monsieur, je regrette, mais c'est positivement et matériellement impossible… pourquoi ?… mais tout simplement parce que je ne suis pas là pour cause d'absence motivée par un voyage d'affaires plus ou moins étrangères… Pardon ? Vous dites : c'est aberrant ?… non, monsieur, c'est à Beyrouth que je me rends, par avion, en ce moment… Ah ! vous voulez dire que c'est de l'aberration… et pourquoi, je vous prie ?… Pardon ?… parce que, prétendez-vous, il est impossible, aussi bien à quiconque qu'à qui que ce soit, d'affirmer lui-même et en personne qu'il n'est pas là en raison de son absence ?… Un peu simpliste comme raisonnement… oh ! si… Permettez, monsieur, avez-vous lu Descartes ?… non, pas des cartes routières ou d'état-major, mais Descartes, René Descartes, l'illustre philosophe mathématicien physicien à qui l'on doit les célèbres et mémorables « Je pense à ma sœur, donc je suis son frère » et « Je pense au feu, donc je suis de cheminée ». Non ? C'est, pour le moins, regrettablement fâcheux, car je suis intimement persuadé que la lecture du *Discours de la méthode* eût été hautement bénéfique à votre compréhension en ce qui concerne mon occurrente position d'absence… Ne m'interrompez pas, *please, bitte, per favor*, s'il vous plaît, et faites-moi la grâce d'écouter attentivement mon argumentation : qui, monsieur, qui, je vous le demande, est le mieux placé et le plus idéalement casé que moi-même pour savoir exactement où je me trouve présentement et où justement je ne suis pas actuellement ?... Ah ! vous en convenez en le reconnaissant et réciproquement ?... C'est heureux et normal tout à la fois, vu que rien, monsieur, rien, vous dis-je, ne résiste à la rigoureuse logique cartésienne, car comme l'a également dit l'illustre fil à couper le beurre – pardon – l'illustre philosophe à scruter l'heure : « Rien ne sert de prouver si on n'est pas foutu de démontrer. » Vachement profond ça, non ?... Non, non, monsieur, ne vous répandez pas en regrets inutiles... tout le monde peut se tromper en se gourrant et réciproquement dans tous les azimuts, car *errare humanum* ne l'*est* pas seulement qu'à l'est, mais aussi à l'ouest, au nord et au sud... bien sûr que c'est certain... d'ailleurs si on s'abstenait toujours de faire une faute, on ne commettrait jamais d'erreur... Ben, voyons ! encore une fois c'est puits artésien – pardon – et puis encore une fois, c'est cartésien, veux-je dire... non, non, ne vous faites pas, à ce sujet, plus de mouron que de persil et réciproquement... C'est entendu, sitôt mon retour je ne manquerai pas de me faire part de votre coup de fil et me ferai un devoir autant qu'un plaisir de prendre immédiatement et sans délai contact avec vous, sans hésitation ni murmure. À quel numéro puis-je vous appeler ?... Ah ! vous n'avez pas le téléphone ?... Ennuyeux ça... pardon ? Ah ! bon, vous disposez, par contre, d'une boîte postale téléphonique ?... C'est beaucoup plus pratique et infiniment plus rationnel... Voulez-vous avoir l'amabilité de m'en donner les coordonniers – euh ! pardon – les coordonnés, veux-je dire... oui, j'ékoutéjnote... mais non, monsieur, j'ékoutéjnote, c'est du français et non, comme vous semblez le croire à tort et sans raison, du yiddish polynésien... ça signifie que j'écoute et que je note les précisions que vous allez me donner à titre de renseignements indicatifs présents, concernant votre numéro de boîte postale téléphonique.... Vous dites donc... B.P.T. 39-95... bureaux 30, 31, 32, 33, 33 bis et la suite... 45 ter, avenue du Général-de-la-Pardeki, 75 Paris-8ᵉ, au-dessus de l'entresol... et au-dessous de tout... Bien... Voilà qui, étant bien écouté et bien noté, est plus que parfait de l'objectif... ah ! pendant que j'y pense et avant que je l'oublie, une petite question encore avant de prendre congé de vous, congé payé de retour, je n'en doute pas, plaise à ma curiosité s'il plaît à votre permission… oui ?… Alors voilà : dans quelle branche exercez-vous vos activités professionnelles ?… Dans l'élevage ?… Noble et généreuse profession, monsieur. Et à quelle sorte d'élevage vous consacrez-vous en le pratiquant et réciproquement ?… Ah ! vous êtes éleveur de protestations dans la Beauce ?… Compliments, monsieur, voilà qui dénote une forte personnalité revendicative agricole et contestataire culturelle… non, non, dormez sur vos deux oreilles, et, le cas échéant, sur vos deux éléments testiculaires… Soyez tranquille, je n'y manquerai pas. Et toutes mes excuses de vous avoir mis dans l'impossibilité de me parler personnellement par suite de mon absence, là parce que je suis ailleurs qu'ici, mais, n'est-ce pas, les affaires sont les affaires et les emmerdeurs sont les emmerdeurs. C'est l'évidence même. Allons, au revoir et à aussi tôt que moins tard se pourra, poil au choléra. Mais, croyez-moi, cher monsieur, lisez Descartes *(il raccroche)*. Eh ! bien, c'est pas pour me vanter, mais pardon, qu'est-ce qu'il peut y en avoir, en ce bas monde, qui ne tournent pas rond dans le carré de l'hypoténuse !

TABLE

5920

Composition Interligne B-Liège
Achevé d'imprimer en Europe (France)
par Brodard et Taupin à La Flèche (Sarthe)
le 24 juillet 2001. 8451
Dépôt légal juillet 2001. ISBN 2-290-31168-5

Éditions J'ai lu
84, rue de Grenelle, 75007 Paris
Diffusion France et étranger : Flammarion